외환시장론

외환 및 외환파생상품 거래

안 창 모

탑 북 스

머리말

이 책은 다양한 독자들에게 외환시장의 외환상품과 외환파생상품 그리고 시장에서의 실제 거래방식을 소개한다. 이 책의 일차적인 대상은 경제학, 국제경제학, 국제무역 및 국제금융을 전공하는 대학생이다. 더 나아가 금융기관의 금융상품 거래자, 금융교육 훈련담당자, 경영자 등 다양한 독자들에게도 외환시장의 기본 원리와 세부 작동방식을 소개한다. 나아가 외환금융시장에 대한 심층적 연구를 시작하는 사람들에게는 기초를 다지게 하는 유용한 입문서가 될 것이다.

기존에 발간된 외환론과의 가장 큰 차이는 이 책이 외환상품과 시장에서의 거래 사례를 중심으로 설명함으로써 실제거래를 수행하는 것처럼 독자들을 안내할 수 있다는 점이다. 기존의 외환론이 외환시장, 환율경제학(환율 결정이론), 국제금융, 국제통화제도 등을 모두 망라함으로써 외환시장에 대한 내용은 한 부분에 그쳐 외환시장의 전체 그림을 이해하는데 다소 무리가 있었다. 이 책은 개방거시 경제학에서 다루는 환율결정이론과 통화제도, 국제금융론에서 다루는 금융시장 등을 과감히 생략하고 외환시장의 전통상품과 파생상품에 집중한다. 각각의 거래 상품을 소개하고 또한 외환 딜러(또는 트레이더) 입장에서 어떤 목적으로 어떻게 거래를 하는지, 효과는 무엇인지 등을 구체적으로 다룬다. 특히 가상의 상황에서 문제를 해결하고 거래하는 외환딜러의 24시 행동전략을 다루어 실제 외환거래를 해본 경험이 없는 학생들이 실전적 경험을 해 볼 수 있도록 하였다. 강의실에서 가장 부족한 부분은 이론에 치우쳐 시장의 실제 모습을 상상하기 어렵다는 점이다. 그런 면에서 이 책은 시장의 생생한 모습을 중심으로 외환시장, 외환상품 그리고 외환파생상품과 그 거래전략을 쉽게 다루었다.

이 책의 제1부는 외환 및 단기금융시장이 어떻게 작동하는지, 왜 이들 시장이 존재하는지, 어떤 금융상품들이 거래되는지, 시장참여자들은 누구인지 등을 설명한다. 제2부는 전통적인 외환상품 거래를 설명한다. 제3부는 외환파생상품을 더 자세하게 살펴본다. 각각의 장은 기본개념을 설명하고 실제 사례를 제시하여 이해를 보강한다. 그렇게 함으로써 외환시장의 실제 거래를 경험하는 것처럼 외환시장과 외환상품 및 파생상품을 학습할 수 있도록 한다. 또 각 부의 마지막에는 연습문제와 추가적인 학습을 할 수 있는 참고문헌을 제시한다. 여기에 더하여 실제 외환딜러의 24시간을 가상화하여 각종 외환금융거래를 시도하는 연습을 해본다. 만약 여러분이 외환딜러의 24시 거래전략을 완전히 이해했다면 여러분의 학습은 성공적이다. 일부 내용이 혼란스럽다면 해당 부분의 내용으로 돌아가서 다시 복습할 필요가 있다.

이 책을 마칠 무렵이면 여러분은 외환금융시장의 관련상품들을 더 잘 이해하게 될 것이다. 마지막으로 이 책은 2015년 경상대학교 연구년제 연구경비의 지원을 받아 집필되었음을 밝힌다.

2017년 새해

저자 안창모

차례

제1부 외환금융시장

제1장 외환시장과 단기금융의 상호관계

제2장 외환금융시장의 수식 기초

제2부 외환상품

제3장 현물환 거래(Spot Transactions)

제4장 선물환(Forward Outrights) 거래

제5장 외환스왑(FX Swaps) 거래

제3부 외환파생상품

제6장 SAFE(Synthetic Agreements for Foreign Exchange)

제7장 통화선물 거래(Currency Futures)

제8장 통화스왑 거래(Currency Swaps)

제9장 통화옵션 거래(Currency Options)

제4부 신용과 가상거래

제10장 리스크와 신용

제11장 외환딜러의 24시간

제1부 외환금융시장

제 1장 외환시장과 단기금융의 상호관계

1. 서 론

외환시장(foreign exchange markets)과 단기금융시장(money markets)은 오늘날 현존하는 시장 가운데 최대 규모의 시장이다. 외환시장과 금융시장의 활동을 주로 관측하는 국제결제은행(Bank for International Settlements: BIS)에 따르면 2013년 기준 하루 평균 5조 3,000억 달러가 외환금융시장에서 거래된다고 한다.[1] 다른 시장과 마찬가지로 외환금융시장에도 매도자와 매입자가 존재하며, 이들은 거래를 수행하고 자산을 교환하기 위해 화폐라는 상품을 매매한다.

시장참여자들은 자신들의 단기(만기 1년까지의) 대출이나 차입의 필요를 충족하기 위해 단기금융시장(money markets)을 이용한다. 그러나 각 나라가 서로 다른 통화를 사용하고 있기 때문에 국경을 넘는 거래에서는 반드시 한 나라의 통화가 다른 통화로 교환되어야 한다. 시장참여자들은 한 통화를 다른 통화로 바꿀 때 외환시장(foreign exchange markets)을 이용한다. 교환 시 각 통화의 상대적인 양은 두 통화 사이의 환율(exchange rate)에 의해 결정된다. 외환금융시장에서 화폐가 매매되는 가격은 어떤 국가의 경제정책이 지탱가능한지를 알려줄 수 있고 또 사람들의 생활수준에도 영향을 줄 수 있기 때문에 매우 중요하다.

---

1) Bank for International Settlements (2013), *Central Bank Survey of Foreign Exchange and Derivatives Market Activitiy in 2013*, available on the BIS website (www.bis.org).

환율과 단기금융시장의 금융상품을 연결하는 것이 이자율(interest rates)이다. 어떤 통화의 이자율은 그 표시통화의 화폐가격(즉, 그 통화의 차입비용)이다. 이자율은 단기금융시장에서 단순한 수요공급 원리에 의해 결정된다. 예컨대 더 많은 사람들이 화폐를 차입하려고 하면 이자율은 더 높아진다.

2. 단기금융시장(Money Markets)

단기금융시장은 거래가 전화나 전자거래시스템을 사용하여 이루어지는 장외거래시장(over-the-counter: OTC)이다. 많은 시장참가자들은 국제적으로 영업활동을 하며 하루 24시간 거래가 이루어진다. 단기금융시장은 어느 특정한 장소에 소재하는 것이 아니라 거래 당사자가 소재하는 곳이면 어디든 존재하는 것이다. 대규모 금융기관은 컴퓨터 및 통신시스템을 이용하여 거의 순식간에 자금을 한 시장에서 다른 시장으로 이전시킬 수 있다.

단기금융시장은 단기대부시장으로서 하루(overnight)에서 1년까지의 기간 동안 자금을 차입하고 대출하는 금융기관과 기업들로 구성된다. 여타 시장처럼 단기금융시장도 화폐의 가격을 형성한다. 화폐의 가격은 차입한 화폐에 대해 지불하는(또는 대출한 화폐에 대해 수취하는) 이자율이다. 화폐의 수요가 많은 경우(즉, 많은 사람들이 화폐를 차입하려고 하면) 화폐의 가격인 이자율은 더 높아진다. 반대로 화폐의 공급이 많은 경우(즉, 많은 사람들이 화폐를 대출하려고 하면) 화폐의 가격인 이자율은 하락한다. 단기금융시장의 기본적인 내용을 간략히 살펴보면 다음과 같다.

2.1 중앙은행

각국에는 중앙은행이 있다. 예를 들면

- 영국의 영란은행(Bank of England)
- 미국의 연방준비은행(Federal Reserve)
- 일본의 일본은행(Bank of Japan)
- 한국의 한국은행(Bank of Korea) 등이다.

모든 중앙은행은 정부의 통화정책을 수행하기 위해 단기금융시장을 이용한다. 일반적으로 각국의 중앙은행은 다음의 책무가 있다.

- 금융 및 통화파급 시스템의 감독
- 화폐공급 및 국내금리 규제
- 환율안정의 유지

화폐에 대한 수요와 공급을 균형시키고 화폐가치를 보호하기 위해 중앙은행은 여러 가지 수단을 보유하고 있다. 중앙은행은 재할인율을 이용하여 단기의 화폐공급을 조절한다. 화폐공급이 금리에 영향을 주기 때문에 이 화폐공급 기법이 경제전체의 이자율을 결정한다. 중앙은행이 화폐를 대출하면 은행시스템을 통해 화폐공급이 증가하고 이자율은 하락한다. 중앙은행이 화폐를 차입하면 은행시스템을 통해 화폐공급이 감소하고 이자율은 상승한다. 중앙은행은 최종대부자(lender of last resort)이기 때문에 궁극적으로 경제의 이자율(금리)을 중앙은행이 결정하는 것이다. 중앙은행은 국채를 발행함으로써 시장에서 화폐를 차입하기도 하는데, 국채(Treasury-Bill)는 정부가 서명한 차용증서(IOU)이다.

중앙은행이	은행시스템의 유동성은	금리(이자율)는
금융상품 매입하면	증가	하락
금융상품 매도하면	감소	상승

2.2 할인시장

영국

영국의 금융시장에는 상업은행이나 정부가 발행한 단기 금융상품을 매매하는 소수의 할인상사[2](discount house)가 존재한다. 할인상사는 150년의 역사를 가지고 있으며, 국내 및 국제무역 금융을 위해 발행된 환어음을 매매하던 어음 중개기관이 그 기원이다. 원칙적으로 할인상사는 환어음을 매도하고자 하는 기업에 액면금액에서 이자금액을 차감한 금액을 지급했는데, 이것은 어음의 할인 매매이다.

원래 상업은행은 무역업자로부터 환어음을 인수하고 그 환어음의 소지인에게 대금을 지급할 것을 보증한다. 이것은 일부 상업은행들에게는 중요한 역할이었으며 그러한 은행들은 인수은행(accepting house)으로 알려지게 되었다. 인수은행이 대규모의 어음을 계속 보유할 필요가 없기 때문에 인수 및 날인된 어음은 여타 투자자들에게 매각된다. 어음이 안전한 투자 대상이고 인수은행도 이윤을 내야 하기 때문에, 투자자들은 인수은행이 원래 부과했던 이자율 보다는 낮은 이자를 받는다. 예를 들면 인수은행은 8%의 이자율로 어음을 인수한 경우, 여타 투자자에게는 7% 할인한 금액으로 매각한다.

할인상사는 영란은행과 금융기관 및 기업을 매개하는 전문은행이다. 할인상사는 심지어 은행이나 기업의 단기 잉여자금을 차입하여 재무성증권(T/B)과 적격어음 같은 금융상품을 구입함으로써 수익을 내기도 한다. 적격어음(eligible bill)은 영란은행의 적격은행(eligible bank)에 의해 인수된 어음이다. 은행들은 할인상사에 요구불로 대출하기 때문에 필요 시 언제라도 대출금을 되돌려달라고 요구할 수 있다.

할인상사는 현금이 필요한 경우 자신이 구입한 금융상품을 영란은행에 매각할 권리가 있다. 이 경우 매각되는 재무성증권(T/B)은 사실상 재할인된다. 영란

---

2) 영국 금융시장과 할인상사의 역사와 상세 내용은 Clarke (1991), *How the City of London Works: An Introduction to Its Financial Markets* 와 Coggan (1992), *The Money Machine: How the City Works* 참조.

은행이 할인상사에 금융상품을 매각하면 은행들로부터 현금을 소진시키고, 이것이 다시 은행들로 하여금 대출금 회수에 나서게 하거나 대출금리를 인상시키는 효과가 있다.

영란은행은 매일 단기금융시장의 자금과부족 규모를 예측하고 오전 9:45에 일일 전망치를 발표한다. 영란은행이 제공하는 정보는 다음과 같다.

- 적격 금융상품의 일방적 매매
- 환매조건부 매각
- 할인상사에 대한 익일 물 또는 7일 물 대출

정오에 영란은행은 당초 전망에 대한 수정치를 발표하고, 자금부족을 가정하여 단기금융시장에서 금융상품을 매입하는 것이 통상의 경우이다. 공개시장조작 거래의 모든 세부사항은 15~20분 후에 발표되는데, 금융자산의 종류, 만기일, 할인율 등이 그에 포함된다.

만약 영란은행이 시장금리구조가 바람직하지 않다고 생각하면 자금부족을 해소하기 위해 계획했던 금융자산 매입을 전부 또는 부분적으로 하지 않을 수도 있다. 이 경우 할인상사는 자금부족 상태에 빠지고 따라서 시장에서 자금조달 시 금리를 인상해야만 한다. 이것이 결과적으로 시장금리에 영향을 미친다.

금융자산이 최초로 발행되는 발행시장(primary market)에서 재무성은 3개월물 재무성증권을 발행하고 영란은행을 통하여 입찰자를 모집한다. 할인상사들은입찰주문을 수령한 후 매도물량 전체를 인수할 것을 보증한다. 금융자산이 자유롭게 매매되는 유통시장(secondary market)에서 할인상사들은 시장을 지배한다. 요약하면 할인상사들은

- 중개기관이 아니라 주요 당사자로서 참여한다. 이것은 할인상사들이 자신들을 위하여 거래하며 고객을 대신해서 거래하지 않는다는 의미이다.
- 다음과 같은 단기금융자산을 거래한다.
  - 단기국채(Treasury-Bill: T-Bill)

- 양도성예금증서(Certificate of Deposit: CD): 양도가능하며 상업은행에서 만기가 고정되어 있고 이자가 붙는다
- 은행인수어음(Bank Acceptance: BA): 은행이 인수한 환어음

자신들이 보유한 금융자산을 담보로 이용하여 자금을 차입하고 시장에 유동성(현금)을 공급한다.

미국

미국 재무부는 단기국채(Treasury-Bill)를 매각하여 시장에서 자금을 조달한다. T-Bill 시장은 전세계에서 가장 규모가 크고 중요한 단기 채무증서시장이다. 이것은 미국 달러화가 국제무역과 외환에서 가장 중요한 통화이기 때문이다. 또한 미국 정부가 이들 부채를 상환하는 능력에 있어서 가장 위험도가 낮다고 여겨지기 때문이기도 하다.

미국에서는 발행시장 시스템이 할인상사들을 이용하지 않는다.[3] 그 대신 미국 재무부가 매주 T-Bill을 경매에 부친다. 전문 투자자들은 투자수익률에 근거하여 할인방식으로 입찰에 참여한다. 예를 들어 액면가격이 $100.00 인 미국 단기국채는 $98.36에 할인되어 경매된다. 전문투자자가 아닌 개인 및 소액 투자자들은 비경쟁입찰에 참여한다. 비경쟁입찰 후 남은 물량은 전문투자자들을 대상으로 높은가격(최저할인율)을 제시한 투자자들부터 우선적으로 물량을 배정한다. 경쟁입찰자들은 자신들의 입찰가격을 지불하며, 비경쟁입찰자들은 경쟁입찰자들의 입찰가격을 가중 평균한 가격으로 지불한다.

미국 국채시장은 다음 이유 때문에 중요하다.

- 유동성이 풍부하다
- 미국 재무부가 보증하므로 자금의 안전한 투자처이다
- 달러화를 투자할 최적지이다

---

3) 미국과 영국의 발행시장 차이는 Reuters Limited(1999), *An Introduction to Foreign Exchange and Money Markets: The Reuters Financial Training Series*, John Wiley & Sons 참조.

- 투자자들에게 위험 헤지와 시장위험을 감소시킬 기회를 제공하는 선물시장이 뒷받침하고 있다
- 주정부의 이자세가 면제되고 다양한 종류의 증권이 거래된다

유통시장에는 40여 개의 주요 딜러(이 책에서는 트레이더와 동의어로 사용)가 있으며, 6개의 딜러간 브로커(Inter-dealer Brokers: IDB)와 연계된 300여 개의 거래회사가 활동하고 있다. 5개 IDBs와 주요 딜러들은 국채가격시스템회사(Government Pricing System Inc.: GOVPX)라는 조직을 설립하였는데, 이 조직은 IDB 시장에서 거래되는 미국 단기국채 발행의 세부사항을 규정하고 있다.

2.3 은행간 시장

대부분의 은행제도에서 모든 은행들은 중앙은행에 지불준비금을 예치해야 한다. 매 영업일 종료 시에 이 계정에는 최소 지불준비금이 유지되어야 한다. 최소 지불준비금을 초과하는 금액은 은행간 시장[4]에서 대출에 이용할 수 있다. 대출 만기는 익일물(overnight)에서 2년까지 인데, 대부분의 대출은 다음날 15:00시에 상환되는 익일물이다.

1963년 이전에 할인시장의 대출은 항상 단기국채와 같은 유가증권을 담보로 한 단기 담보부대출이었다. 1963년경 유로달러 시장의 등장과 함께 머천트뱅크와 할인상사들이 상호간 무담보 대출거래를 취급하기 시작하였다. 1971년경에는 런던어음교환소 가맹 예금은행(clearing bank)들이 은행간 시장에 진입하였다.

예금은행들은 매일결산을 해야 하며 긴급인출에 대비하여 현금유동성을 유지해야 한다. 예금은행의 현금담당 부서가 최소지불준비금 아래로 자금이 떨어지는 것을 발견하면 익일물 자금을 차입한다. 초과현금을 보유한 예금은행들은 은행간 시장에서 자금을 대출하고 대출이자를 받는다. 미국에서는 이 자금이

4) Walmsley(1996), *International Money and Foreign Exchange Market: An Introduction*, John Wiley & Sons, Inc.와 Allan(1991), *The Times Guide to International Finance*, Times Books. 참조.

연방자금금리(federal funds rate)로 거래된다.

은행간 시장의 유동성이 풍부하기 때문에 은행들은 현금유동성을 줄이고 이를 수익성 대출에 이용하며 자금부족 시에는 또 차입하기도 한다. 무담보 대출시장에서 유명 은행들은 자기 명의로 차입할 수 있으며 덜 유명한 은행에게는 더 높은 금리로 대출한다. 은행간 금리는 자주상업은행들의 기준대출금리 또는 프라임레이트를 형성하는데 이용된다.

은행간 시장은 단기대출을 장기대출로 전환하는데 이용되기도 한다. 은행들은 하루부터 2년까지 고정된 기간 동안 연금기금 같은 금융기관으로부터 차입한다. 그런 다음 그 자금을 5년까지 고객들에게 대출하고 그 대출자금을 조달하기 위해 은행간 시장에서 차입을 계속한다(예컨대 매 6개월 단위로).

런던에서는 매일 500개 이상의 은행들이 은행간 시장을 이용한다. 대출조건이 고정되어 있어 대출 쌍방은 영업계획과 자금흐름 관리를 용이하게 수행할 수 있다. 1980년대 이후 예전에는 초과자금을 은행에 예치했던 다국적기업들이 스스로의 차입소요를 충당하기 위해 은행간 시장을 이용하기 시작했다. 기업들은 파운드화 표시 금융상품을 발행하거나 브로커를 이용하여 시장에 참여할 수 있다.

은행간 시장에서 금융중개기관은 차입자와 대출자의 중개역할만을 담당한다. 그들은 중개에 대한 수수료를 지급받는다. 금융중개기관과 고객의 비밀유지를 규제하는 엄격한 실행규칙이 존재한다. 금융중개개관들은 1963년 이후 급성장했으며 오늘날에는 은행간 거래, 지자체나 기타 정부기관 금융상품을 포괄하는 다양한 서비스를 제공하고 있다. 은행간 시장은 단일시장이 아니라 두 개의 구분되는 그러나 유사한 시장-국내시장과 유로시장-으로 구성되어 있다.

2.4 은행간 대출금리

금리(이자율) 중에서 유일한 공식 기준금리는 익일 물 자금에 대해 중앙은행이 발표하는 금리뿐이다. 기타 만기의 모든 금리는 시장에서 결정된다. 그러나 진행 중인 금리추세에 대해 거의 모든 금융기관들은 약간씩 견해가 다르다. 이러한 상황에 대처하기 위해 시장은 정해진 만기에 대해 공식 기준금리를 제공하는 메커니즘을 필요로 한다.

런던의 은행들은 런던 은행간 대출금리(LIBOR: London Interbank Offered Rate)라고 불리는 시스템을 사용한다. 이 시스템은 다른 금융시장에서도 모방하고 있다. 매일 런던시각 오전 11:00 경 여러 은행들을 대상으로 주요 유로커런시에 대해 상호간 대출금리를 조사한다. 그 다음 각 통화별 만기별로 단일금리를 설정하는데 이 절차를 LIBOR fixing이라고 한다.

LIBOR 금리는 대출, 변동금리부 채권, 금리 파생상품 등의 금리결정에 이용된다. 영국은행연합회(British Bankers Association: BBA)는 금리 파생상품을 결제하는데 사용되는 공식 LIBOR 금리를 매일 발표한다. LIBOR 금리에 대해 다음 사항을 주목할 필요가 있다.

- LIBOR라는 용어는 항상 특정 통화 및 특정 만기와 함께 사용된다(예를 들면, 3개월물 스위스프랑 LIBOR금리)
- LIBOR 금리는 참조금리이며 기껏해야 거래협상에서 금리를 결정하는데 이용된다
- LIBOR 금리는 유로시장에 속하며 국내시장과는 관련이 없다

다른 국가들은 LIBOR 금리와 유사한 금리결정 절차를 가지고 있는데 예를 들면 다음과 같다. 그러나 런던의 LIBOR금리는 런던 이외의 금융시장에서도 대부분의 거래에서 사용되고 있다.

- PIBOR: 파리 은행간 대출금리(Paris Interbank Offered Rate)
- FIBOR: 프랑크푸르트 은행간 대출금리(Frankfurt Interbank Offered Rate)
- HIBOR: 홍콩 은행간 대출금리(Hong Kong Interbank Offered Rate)
- SIBOR: 싱가포르 은행간 대출금리(Singapore Interbank Offered Rate)

2.5 금리와 단기금융시장의 작동

이미 살펴본 것처럼 금리는 화폐에 대한 수요와 공급 및 중앙은행의 정책에 의해 결정된다. 그러나 중앙은행은 익일물 자금시장에서 금리를 결정하기 위해 치밀한 메커니즘을 이용한다. 중앙은행은 이 메커니즘을 이용해서 공식적인 기준금리를 결정하고 이것이 여타 모든 대출금리의 결정에 기준이 된다. 나라마다 이 기준금리의 명칭이 다른데, 예를 들면 다음과 같다.

- 공정할인율(미국, 독일, 일본, 스위스): discount rate
- 개입금리(프랑스): intervention rate
- 중앙은행금리(캐나다): bank rate
- 단기금융시장금리(영국): money market dealing rate

중앙은행은 어떻게 금리를 관리하는가?

중앙은행은 다음과 같은 조치를 할 수 있다.

1. 기준금리를 인상이나 인하를 공표할 수 있다
2. 금리를 의도하는 방향으로 움직이도록 유동성을 조절할 수 있다.

예를 들면 미국의 연방준비제도이사회(FRB)는 미국의 금리인하가 필요한 상황이라고 판단하면 다음 조치를 취할 수 있다.

- 공정할인률 인하를 공표한다. 이것은 은행간 익익물 자금거래에 적용되는 연방자금금리(Fed Funds)를 인하시킨다.
- 공개시장매입을 통해 금융제도 전체에 화폐공급을 증가시킴으로써 금리를 인하시킨다.

공정할인률 변경을 공표하는 것은 눈에 띄는 조치이지만 공개시장조작은 때때로 아주 미묘한 조치이다. 또한 모든 공개시장조작이 반드시 정책과 관련된 것은 아니다. 중앙은행은 일상 업무의 일환으로 은행시스템에 본원통화를 증가시킬 수도 있고 감소시킬 수도 있다.

시장은 다음 요소들을 고려하여 특정 만기의 금리를 결정한다:

- 특정 통화국의 현재 경제상황
- 특정 통화국의 인플레이션 진행상황
- 시장에서 차입자와 대출자의 수
- 시장기대. 시장은 중앙은행이 금리를 인상(인하)할 것으로 생각하는가?

금리는 중앙은행이 통화정책을 수행하는 도구이기도 하다.

- 금리인하는 경제성장을 촉진하고 때때로 인플레이션을 동반하기도 한다
- 금리인상은 화폐차입을 값비싸게 함으로써 경제성장을 억제한다. 소비자 지출은 경제에 매우 중요한데 이 지출이 감소하여 경제를 머뭇거리게 한다.

중앙은행은 경제전반의 성과에 큰 영향을 미치며 따라서 중앙은행이 취하는 조치의 정치적 의미도 중요하다. 중앙은행이 경제의 장기이익보다 정부의 단기이익을 위해 행동하는 것으로 시장에 비춰지면 그 국가의 신뢰를 손상시킨다. 그러한 신뢰손상은 그 국가로부터 자본유출을 초래하여 고금리를 유발할 수 있다. 최근 각국정부는 중앙은행이 독립적으로 금리를 결정하는지 아니면 정부가 이 일을 하는지를 분명히 밝힘으로써 중앙은행의 역할을 명시적으로 규정하고 있다.

금리에 영향을 주는 여타 요인

화폐에 대한 수요와 공급 및 중앙은행의 정책에 더하여 금리에 영향을 주는 요소들은 많이 있다.

- 차입자의 신인도: 차입자가 대출원금과 이자를 상환할 가능성이 높은가?
- 대출만기: 경제전망과 수요 및 공급요인에 따라 대출금리는 만기별로 차이가 날 수 있다

- 원금의 규모: 차입자는 대규모 금액일수록 상환하기가 어렵다. 그러나 대출자는 규모의 경제 때문에 대규모 대출금에 대해 더 낮은 금리를 제시할 수 있다.

대부분의 대출은 차입자가 채무상환불이행의 위험, 즉 대출의 신용위험(credit risk)을 커버하기 위해 추가적인 금리를 요구한다. 정부 또는 중앙은행은 최후의 대출자(lenders of last resort)이기 때문에 그 나라에서 가장 신인도가 높은 차입자로 간주된다. 신용위험은 추후에 상세히 다룬다.

종류가 다른 금융자산을 같은 조건으로 비교하기 위하여 금융자산이 얼마나 비싼지에 대한 일관된 척도가 필요하다. 이 척도를 수익률(yield)이라고 한다. 만기수익률(yield to maturity: YTM)은 금융자산이 만기까지 연체되지 않을 경우 투자자가 기대할 수 있는 수익률을 연리 %로 표시한 것이다.

대출만기와 금리간의 관계는 통상 모든 만기에 대해 만기수익률을 그래프 형태의 곡선으로 표시된다. 이 곡선을 수익률곡선(yield curve)이라고 한다. 수익률곡선은 시장상황과 장래의 금리추이에 대한 시장기대를 나타내기 위해 투자자와 차입자들이 사용하는 매우 강력한 투자 보조수단이다.

만기수익률이 만기까지 금융자산을 보유하는 경우의 수익률이지만 단기투자자들은 만기 이전에 자신들의 포지션을 청산하기도 한다. 이런 투자자들에게는 보유기간 수익률(horizon return)이 관심사인대, 이것은 두 가지 구성요소로 이루어진다.

보유기간 수익률(horizon return) = 발생한 이자수익(accrued interest)
+ 자본이득(capital gains)

보유기간 수익률은 금융자산 매입시점에 매각시점까지 투자로부터 달성된 수익률을 의미하며 위의 두 가지 요인을 함께 고려한 연률 %로 표시된다. 투자가 만기까지 이루어지면 보유기간수익률은 만기수익률과 일치한다.

단기금융시장의 작동

단기금융시장에는 거래가 이루어지는 거래소가 없다. 단기금융시장은 OTC 시장의 또 다른 사례인데, 주로 거래가 은행이나 브로커회사의 딜링룸에 있는 전화, 컴퓨터 고시화면 등을 이용해서 이루어진다. 대부분의 차입자와 대출자들은 딜러를 통해 거래하는데, 딜러들은 단기금융시장 상품을 매매한다. 이들은 스스로 금융자산을 매매할 필요가 없는 경우에도 금융자산의 매매에 응한다. 이런 딜러들을 시장조성자(market-maker)라고 한다. 시장조성자들은 거래하는 금융자산의 매입가격과 매도가격을 동시에 고시하는데, 이것을 양방향가격(two-way price)이라고 한다. 차입가격은 bid라고 하고 대출가격은 offer라고 한다. 이 두 가격의 차이를 매매가격차(bid-offer spread)라고 하는데 이 스프레드가 시장조성자들의 이윤이 된다. 왜냐하면 항상 bid가 offer보다 약간 싸기 때문이다.

단기금융시장에서 매입가격과 매도가격은 금리로 표시된다.(예를들면 612/16% 또는 6.75%) 금리가 소수점 단위로 표시되면 그 금리는 베이시스 포인트(basis point)로 표시되었다고 한다. 1 베이시스 포인트는 1% 포인트의 100분의 1이다.

뉴욕시장

가격이 표시되는 방법은 두 가지가 있는데, 뉴욕시장과 런던시장에서 가격 표시방법이 얼핏 보면 달라 보이지만 사실은 그 둘이 같은 의미이다.[5] 뉴욕시장에서는 가격이 다음과 같이 표시된다.

$$6^{1}/_{2}\% \quad - \quad 6^{5}/_{8}\%$$

bid - offer

bid price는 시장조성자가 자금을 차입하는 가격(금리)이다. 투자자는 예금을 맡기는 대신 이 가격을 받는다. offer price는 시장조성자가 자금을 대출하는 금리이다. 차입자는 이 금리를 부담해야 한다. 차입자는 항상 예금할 때보다 차입할 때 더 높은 금리를 부담해야 한다.

---

5) Reuters Limited(1999) 참조.

런던시장

런던시장의 전통은 세계 대부분의 시장에서 bid/offer 의 순서로 가격을 고시하는데 반해 offer/bid의 순서로 가격을 고시한다. 어떤 방식을 취하던 bid price는 $6^{1}/_{2}$%이고 offer price는 $6^{5}/_{8}$%이다.

$6^{5}/_{8}$% - $6^{1}/_{2}$%
offer - bid

2.6 누가 단기금융시장을 이용하는가?

단기금융시장에서 차입자는 단기자금을 필요로 하는 기업, 은행, 정부, 세계은행과 같은 초 국가기관 등이다. 전통적으로 각 형태의 차입자들은 서로 다른 금융자산을 이용하여 자금을 차입해왔다. 위에 언급한 모든 차입자들은 환위험을 헤지하거나 환포지션을 취하기 위해 외환시장을 이용한다.

단기금융시장의 상품들은 유동성이 높다. 이것은 신속한 매매가 가능하다는 것을 의미한다. 또 투자위험이 낮다. 이것은 여타 금융자산에 비해 투자수익률이 낮다는 것을 의미한다. 많은 기업의 재무담당자들은 금융투자 결정을 하기 전에 일시적으로 현금을 유치해 두는 장소로서 단기금융시장을 이용한다. 단기금융시장의 참여자들은 다음과 같다.

중앙은행(Central Banks)

중앙은행은 단기국채와 같은 금융상품을 매매함으로써 단기금융시장을 이용하여 화폐공급을 조절한다.

상업은행(Commercial Banks)

상업은행의 전통적인 기능은 고객으로부터 예금을 받고 대출하는 기능이다.

예금과 대출활동의 균형을 맞추기 위해 은행간 시장을 이용하여 자금을 조달한다. 자금 잉여은행은 다른 은행에 자금을 예치하고 자금 부족은행은 다른 은행으로부터 자금을 차입한다.

단기금융시장의 자금거래는 만기가 익일물부터 1, 2, 3, 6, 9, 12개월 물까지 다양하다. 상업은행은 또한 통합된 외환 및 지급결제 편의를 고객들에게 제공한다. 또 은행 상호간에 외환시장을 형성하기도 한다.

상업은행은 양방향가격을 끊임없이 고시하면서 시장조성자 역할을 한다. 이 매매가격차를 스프레드라고 하는데 이것이 은행들의 이윤이 된다. 은행들은 자금조달과 외환노출을 커버하기 위해서, 그리고 자기 책임 하에 이윤을 얻기 위해 투기적 포지션을 취하기도 한다.

할인상사(Discount Houses)

영국에서는 중앙은행인 영란은행이 소수의 할인상사를 단기금융시장 거래의 중개자로 이용한다. 즉, 영란은행은 할인상사를 대상으로 적격증권을 매매하여 유동성을 조절한다. 그러면 할인상사는 다시 은행, 딜러, 브로커, 기업 등과 이들을 거래하거나 보유하는 것이다.

투자은행(Investment Banks)

투자은행 또는 증권회사들은 증권의 발행과 유통을 촉진시키는데 특화하고 있다. 투자은행들은 고객 브로커로서 활동함으로써 중개역할을 한다. 투자은행의 딜러들은 자기 책임하에 이윤을 얻기 위해 금융자산 포지션을 취하기도 한다.

지방정부(Local Authorities)

1981년 이후 지방정부는 만기 364일까지의 단기자금을 조달하기 위해 단기금융시장을 이용하였다. 그러나 장기자금 조달은 Public Watch Loans Board를 이용하였다.

주택대출조합(UK Building Societies)

공제조합(Friendly Society) 사무국의 허락 하에 1982년부터 주택대출조합은 단기금융시장에서 차입과 대출을 할 수 있었다. 이로 인해 주택대출조합은 중심가 은행의 면모를 가지게 되었다.

금융회사(Finance Houses)

금융회사는 분할상환방식(hire purchase)이나 2차 모기지 계약을 통해 상대적으로 위험이 높은 대출업무를 한다. 금융회사들은 단기금융시장과 독립적으로 스스로 자금을 조달한다.

기업(Corporations)

GM, IBM, Ford 등과 같은 대규모 국제기업들은 자금 차입을 위해 단기금융시장을 이용한다. 기업들은 최상의 조건으로 차입하기 위해 브로커를 이용하거나 직접 상업어음(commercial paper)을 발행하기도 한다. 상업어음은 단기신용을 위해 발행되는 무보증 금융상품이다. 만기는 통상 270일까지이며 액면가격에서 할인하여 매각된다.

브로커회사(Brokers)

브로커회사들은 거래가 성사되기까지 거래 당사자의 익명성을 유지하면서 단기금융시장에서 중요한 역할을 한다. 브로커회사들은 시장에서 포지션을 취하지 않으며 거래를 성사시키기 위해 다른 시장조성자들을 위해 대리인 역할을 한다. 이들은 이 중개서비스를 제공하고 수수료를 받는다. 그러면 브로커 시스템은 어떻게 운영되는가?

딜러들은 전문 브로커회사와 연결되어 이들을 통해 매매가격을 제시한다. 브로커회사는 매입최고가격과 매도최저가격을 취하여 이를방송용 스피커(squawk box)나 화면을 통해 고객에게 방송한다. 가격은 생방송으로 고시되며 은행들은 그 가격으로 매매 의사결정을 해야 한다. 딜러가 브로커에게 가격을 제시하고 그 가격에 방송으로 고시되면 거래를 희망하는 은행은 전용 전화선을 이용하여 브로커에게 전화를 할 수 있다.

브로커는 거래가 성사될 때까지는 거래 당사자를 서로에게 밝히지 않음으로써 거래 쌍방에게 익명성을 보장한다. 어떤 경우에는 철저한 익명성을 유지하기 위해 거래 쌍방에 대해 익명의 거래당사자처럼 행동한다. 일단 거래가 성사되면 거래 당사자가 결제를 위해 공개된다. 브로커를 통해 심지어 중소규모 은행들도 직접 시장주도은행들에게 직접 거래할 때에는 불가능했을 가격으로 거래할 수도 있다.

3. 외환시장(Foreign Exchange Markets)

은행들은 고객이 원하는 통화로 대출을 한다. 따라서 은행은 그들이 수취하거나 대출하는 통화를 매매하기 위해 외환시장에 참여한다. 은행들이 외환시장에서 신속하고 효율적으로 거래하기 위해 은행간 시장이 존재하며 거기에서 은행들은 통화를 매매한다. 그러나 대부분의 외환거래는 국제무역이나 투자와 직접 관련된 것은 아니다. 대부분의 외환거래는 은행간에 거래되며 이익을 내기 위해 이루어진다.

코레스은행(correspondent bank)은 국내에서 다른 나라 은행을 위해 대리인 역할을 하는 은행을 말한다.

외환시장은 장외시장(OTC)이며 거래량과 결제일이 협상에 의해 결정된다. 정형화된 계약조건은 없지만 시장조성자들은 단기금융시장에서사용되는 것과 유사한 결제일 시스템과 전통적인 거래규모를 이용하여 거래한다.

대부분의 외환딜러들은 하나또는 관련성이 높은 몇 개의 통화에 특화하여 거래한다. 2013년 기준 가장 중요한 통화거래는 다음과 같다. 외환거래 기준으로 90% 정도가 달러화로 결제되기 때문에 미국 달러화는 주요 통화이다. 2013년에 미국 달러화는 전세계 외환거래의 87%를 차지했다. 1999년 유럽의 경제 및 통화연합이 이루어지고 특히 유로(Euro)가 창출되어 2002년부터 본격적으로 거래됨에 따라 외환시장에서 유로는 미국 달러 다음으로 중요한 통화로 부상했다.

환율과 금리는 서로 밀접하게 연계되어 있어 서로 영향을 준다는 점을 이미 살펴보았다. 또 환율과 금리는 모두 국내 경제에 충격효과를 줄 수도 있다. 환율은 한 나라의 국제수지-한 나라의 순 자본유입-에도 영향을 준다. 국내 통화가 강세를 보이면 수입가격은 저렴해지고 수입이 촉진된다. 따라서 국제수지는 악화된다. 반대로 국내 통화가 약세를 보이면 수입이 비싸지기 때문에 억제되고 따라서 국제수지는 개선된다. 마찬가지로 통화강세(약세)는 수출품의 수출가격을 비싸게(싸게)하기 때문에 수출수요를 떨어뜨리고 국제수지를 악화(개선)시킨다.

3.1 외환거래

외환거래란 정해진 날짜에 정해진 교환비율로 한 통화를 다른 통화로 교환하기로 하는 계약이다.

외환거래는 전 세계적으로 장외시장(over the counter: OTC)에서 거래되며 영업시간이 시장마다 중첩되기 때문에 외환시장은 24시간 내내 전 세계에서 거래되는 글로벌 시장이다. 외환거래의 주요 구성요소는 다음과 같다.

- 거래(계약)일: Trade Date
- 거래상대방: Counterparty
- 거래통화: Currencies
- 환율: Exchange Rate
- 거래금액: Amounts
- 결제일: Value Cate
- 지급지시: Payment Instructions

거래통화(Currencies)

거래통화의 이름이 SWIFT 지급시스템에서 사용되는 3글자로 반드시 명시되어야 한다. 벨기에에 본부를 둔 SWIFT(The Society for Worldwide Interbank Financial Telecommunications)는 은행간 자금이체를 위해 1,000여개 은행들이 공동 출자하여 설립한 다국적 결제시스템이다. 지급지시는 SWIFT 네트워크를 통해 표준양식과 패스워드를 이용해 전달된다. SWIFT 코드의 예는 아래와 같다.

SWIFT Code	Currencies
USD	US Dollar
EUR	Euro
GBP	UK Sterling
JPY	Japanese Yen
CHF	Swiss Franc
CAD	Canadian Dollar

환율(Exchange Rate)

환율은 한 통화를 다른 통화단위로 표시한 가격이다. 환율의 고시는 기준통화(base currency)/상대통화(counter currency)로 하는데 이것은 기준통화를 먼저 쓰고 상대(피고시)통화를 뒤에 쓰는 관습을 따른 것이다. 예를 들면 다음과 같다.

Base currency 기준통화 ← USD / CHF, GBP / USD → Counter currency 상대통화

환율의 표시방법에는 유럽식 표시방법(European terms)과 미국식 표시방법(American terms), 또는 직접 표시방법(direct quotation)과 간접 표시방법(indirect quotation)이 있다.

유럽식 또는 직접 표시환율(European terms/ Direct quotation)

외화 한 단위를 자국화폐 양으로 표시하는 방식이다.

사례 1

USD/CHF 환율을 1.1250으로 표시할 때 이것은 다음과 같은 의미이다.

- 1 미국 달러는 1.1250 스위스 프랑과 교환된다
- USD는 기준통화이고 CHF는 상대통화이다
- USD를 매입하는 것은 CHF를 매도하는 것이다

미국식 또는 간접 표시환율(American terms/ Indirect quotation)

자국화폐 한 단위를 외국화폐 양으로 표시하는 방식이며 역표시환율(inverse quotation)이라고도 알려져 있다. 전통적으로 영국 파운드(GBP)는 이 방식으로 표시되었는데 10진법 사용 이전에는 이 방식이 더 표시하기가 쉬웠기 때문이다. 오늘날 영국은 10진법을 사용하고 있는데도 간접 표시방식이 그대로 남아 있다. 호주 달러(AUD), 뉴질랜드 달러(NZD), 에이레 펀트(IEP) 등도 이 방식으로 표시된다.

사례 2

GBP/USD 환율이 1.5756으로 표시되면 이것은 다음과 같은 의미이다.

- 1 영국 파운드는 1.5756 미국 달러와 교환된다
- GBP가 기준통화이고 USD는 상대통화이다
- GBP를 매입하는 것은 USD를 매도하는 것이다

거래금액(Amounts)

달리 지정되지 않으면 현물환 거래의 거래금액은 기준통화로 금액을 표시한다.

사례 3

한 딜러가 'dollar swissy in ten'이라고 환율고시를 요청하면, 이 거래요청은 10 million USD(기준통화)를 의미한다. 특별히 스위스프랑 금액으로 표시하고 싶으면 'dollar swissy in 10 swissy'라고 요청해야 한다. 달러금액을 거래하거나 스위스프랑 금액을 거래하거나 관계없이 환율은 유럽식으로 고시된다.

결제일(Value Date)

거래 통화의 상호 교환이 이루어지는 날짜이다. 결제일을 계산하는 데에는 여러 가지 고려해야 할 변수가 있다. 이 변수들은 다음과 같다.

- 거래 통화국의 은행 공휴일
- 주말-서양에서는 토요일과 일요일이 주말 휴일이지만 이슬람 국가에서는 금요일과 일요일이 주말 휴일이다.

지급지시(Payments Instructions)

거래가 실행되면 거래 당사자는 거래 상대에게 수령예상 통화의 지급에 관한 세부상항을 지시해야 한다. 은행은 거래 상대에게 USD를 매입하고 EUR를 매도하는 거래를 하였다. 그러면 이 은행은 USD를 어디에 소재하는 어느 은행으로 지급해야 하는지를 지정해야 한다.

사례 4

Citibank NYC가 Societe Generale Paris은행에 EUR를 매도하고 USD를 매입한다고 가정하자. Citibank NYC는 통화별로 하나씩 코레스은행을 가지고 있다고 하자.

- USD는 Citibank NYC가 보유하고 있다
- EUR는 Citibank Frankfurt가 보유하고 있다(Citibank NYC의 계정에)
- CHF는 파리 소재 BNP Paris은행이 보유하고 있다(Citibank NYC의 계정에)

Societe Generale Paris은행은 다음과 같은 코레스은행을 가지고 있다.

- USD는 Chase NYC은행이 보유하고 있다(Societe Generale Paris의 계정에)
- EUR는 Deutsche Frankfurt은행이 보유하고 있다(Societe Generale Paris의 계정에)
- CHF는 Societe Generale Paris은행이 보유하고 있다

위의 거래가 결제되려면:

- Citibank NYC는 Societe Generale Paris은행에 USD를 Citibank NYC의 당방계정에 지급하도록 지시한다. Societe Generale Paris은행은 Chase NYC은행에 개설되어 있는 자신의 계정에서 USD를 지급할 것이다. Citibank NYC는 'my dollars to my NY'이라고만 하면 된다.
- Societe Generale Paris은행은 Citibank NYC에 EUR를 Deutsche Frankfurt은행에 있는 자신의 계정에 지급하라고 지시한다. Citibank NYC는 Citibank Frankfurt은행계정에 있는 EUR를 지급할 것이다. Societe Generale Paris은행은 'my euros to Deutsche, FFT'라고만 말하면 된다.
- 여기서 언급된 계정은 당방계정(nostro accounts)이라고 알려져 있으며 우리의(ours)라는 의미의 라틴어에서 유래한 것이다.

3.2 선물환과 단기금융시장

금리의 중요성

시장참여자들은 항상 이윤을 극대화할 수 있는 기회를 찾는다. 투자기회를 인식하는 핵심 요소는 투자의 실질수익률이다. 특정 통화와 관련하여 실질수익률(real rate of return)은 "금리-예상 인플레이션률"로 계산된다.

화폐는 실질수익률이 높은 나라를 찾아 이동한다. 중앙은행이 자본유입을 촉진시키기를 원하는 경우 종종 금리를 인상한다. 고금리는 자본을 끌어들이며, 외국자본의 유입은 국내 통화에 대한 수요를 증가시켜 국내통화의 가치를 상승시킨다. 시장참여자가 고수익 기회를 이용하려면 이 나라에 투자하여 국내 통화를 매입할 필요가 있다. 중앙은행이 금리를 인상하면 국내 경제에서 실질수익률이 더 높아지고 따라서 자본유입을 촉진시킨다. 금리하락은 반대로 자본유출을 유발한다. 이 자본유출입은 국내통화의 가치를 하락시키기도 하고 상승시키기도 한다. 환율에 영향을 주기 위해 중앙은행은 국내 금융시장에서의 조작을 통해 금리를 변경하기도 한다.

3개월물 유로달러의 수익률이 5%이고 3개월 물 유로스위스프랑의 수익률이 4%라면 금리격차는 1% 또는 100 베이시스 포인트가 된다. 실제로 순수하게 금리격차의 변화에만 근거하여 거래되는 시장이 있는데 이 시장을 선물환시장이라고 한다.

선물환시장

현물환거래에서는 거래계약이 성사되고 나서 통상 2영업일에 거래통화의 결제가 이루어진다. 그러나 거래 당일 환율은 결정하고 싶은데 장래 특정일까지는 그 통화가 필요 없을 경우 어떻게 하겠는가? 이런 경우에 필요한 것이 선물환거래이다. 선물환거래는 현물환거래와 단기금융시장의 금리를 결합하여 이루어진다. 선물환거래에는 두 가지 형태가 있는데 다음과 같다.

- 선물환 거래(Forward outright): 거래 당일 정해진 가격으로 한 통화를 다른 통화로 매입하는 외환거래이며 결제는 장래의 정해진 날로 한다.
- 외환스왑 거래(Forward swaps): 결제일과 거래방향이 다른 두 개의(매입과 매도) 외환거래를 동시에 하는 외환거래이다.

이 두 거래의 중요성은 최근에 실시된 국제결제은행(BIS)의 Central Bank Survey에 잘 나타나있다. 이 서베이는 여러 가지 중요한 통계를 포함하고 있는데 예를 들면 다음과 같다. 2013년에는 하루 5조 3,000억 달러에 달하는 외환거래액 가운데 2조 9,000억 달러가 선물환 outright와 외환스왑거래로 이루어졌다. 이것은 외환거래액 전체의 55%에 달한다. 2000년에는 이 거래의 비중이 56%였다.

전세계 외환 거래액	2010	2013
Spot	37%	38%
Forward & Swap	56%	55%

선물환율의 고시는 선물환 포인트(forward points)로 표시된다. 고시되는 가격은 환율이 아니라 금리격차이다. 또 다음 사항을 기억할 필요가 있다. 선물환율은 장래의 현물환율에 대한 예측치가 아니다. 선물환 거래는 타인에게 양도가 불가능하며 장래의 결제일 까지는 더 이상 아무런 자금교환도 발생하지 않는다.

3.3 외환시장의 작동

딜링부서

외환시장에서 거래되는 상품의 범위가 최근 30년간 크게 증가하였다. 은행의 딜러들은 고객들이 투자, 투기, 또는 헤지 목적으로 이용하도록 이 상품들을 제공한다. 이 상품들의 특성이 복잡하기 때문에 은행들은 거래를 기록하고 효율적으로 모니터 하기 위해 3가지 주요 기능을 수행해왔다.

Front Office/Dealing Room

이곳에서 금융시장의 장외거래(OTC)가 이루어진다. 언론에서 이미 본적이 있겠지만 딜러와 스크린과 전화로 둘러싸인 매우 바쁜 곳이다.

Middle Office

이곳은 딜러들에게 전문적인 편의, 지원, 조언, 안내 등을 제공한다. 리스크 매니저, 경제학자, 기술적분석 전문가, 법률 전문가 등이 조언과 안내를 제공한다.

Back Office

여기서는 업무처리, 확인, 결제, 질문들에 대한 처리, 현금관리 등의 기능이 수행된다. back office의 지원 없이는 딜러들이 외환거래를 할 수 없다.

거래기법

거래가 이루어지면 딜러들은 거래전표(deal ticket)를 작성하여 이를 back office에 전달해야 한다. 이 deal ticket은 다음 정보를 포함해야 한다.

- 거래(계약)일
- 거래형태(현물환, 선물환 등)
- 거래상대방
- 거래통화
- 환율
- 거래금액
- 지급지시
- 결제일
- 거래방법(직접거래, 브로커 경유거래 등)
- 거래방향(매도 또는 매입)

사용하는 시스템에 따라 deal ticket은 수기로 작성되거나 컴퓨터시스템에 의해 자동으로 생성되기도 한다. deal ticket에 더하여 딜러들은 자신의 포지션을 기록하기 위해 blotters, deal sheets 또는 position sheets라고 불리는 개인기록을 작성해야 한다. 이 정보는 Dealing-2000/3000과 같은 시스템을 사용하면 은행 컴퓨터에 자동으로 전달된다.

딜링룸(Dealing Room)

딜링룸은 어떻게 운영되는가? 어떻게 조직되어 있는가? 누가 참여하는가? 전형적으로 아래와 같은 딜링룸 구조의 설명과 인적배치가 외환시장과 단기금융시장의 강력한 상호관계를 예시해 준다. 그러나 은행에 따라서는 약간씩 다르게 운영되기도 한다. 여기서 설명되는 딜링룸의 형태는 딜러들에게 신축성을 부여하며 두 시장간에 아이디어를 교환하고 거래도 넘나들면서 하도록 허용한다. 예를 들면 단기금융시장 포지션이 선물환거래에 의해 커버되기도 하고 그 반대도 이루어진다.

은행의 딜링룸은 여러 섹션으로 나누어지는데 각 섹션은 컴퓨터나 인터콤 시스템을 통해 자유롭게 의사소통을 할 수 있다. 따라서 모든 구성원이 최신 정보를 공유할 수 있다. 딜링룸은 통상 treasury manager별로 조직되고 그의 지휘를 받는다.

딜링룸은 통상데스크별로 구분되며 각 데스크는 단기금융시장과 외환시장의 다양한 활동을 담당한다. 각 데스크에는 chief dealer가 있어 업무를 관리한다. 각 데스크를 살펴보면 다음과 같다:

- spot desk: 현물환 데스크는 여러 통화담당으로 다시 구분된다. 예를 들면 현물환 데스크의 일부는 USD/EUR, USD/JPY, GBP/USD 등을 현물환 기준으로 거래한다.
- forward desk: 선물환 데스크는 장래의 특정일에 통화를 공급하는 선물환 계약을취급한다.

- money markets desk: 단기금융시장 데스크는 여러 통화로 표시된 단기금융상품을 거래한다. 단기금융시장에서의 금리변화는 다시선물환 데스크에 영향을 준다.
- derivatives desk: 파생상품 데스크는 여러 통화로 표시된 현물환율, 선물환율, 금리 등으로부터 가격이 결정되는 파생금융상품을 취급한다.
- corporate desk: 기업 데스크는 은행의 기업고객들과 연락을 취한다.

모든 데스크는 middle office와 back office의 지원을 받는다. back office는 모든 거래를 기록하고 결제지시가 확실하게 이행되도록 살핀다. middle office는 전체적인 차원에서 거래 데스크의 전반적인 활동을 감독한다. middle office의 임무는 모든 거래가 기록되는지를 확인하고 front office 딜러들이 과도한 위험을 취하지 않도록 감독한다. 통상 middle office는 개별 딜러가 이익이나 손실을 내는지를 감독하며 딜러들이 가격계산을 올바르게 하도록 해준다. 딜링룸의 구조와 중요한 상호작용은 아래 그림과 같이 요약된다.[6)]

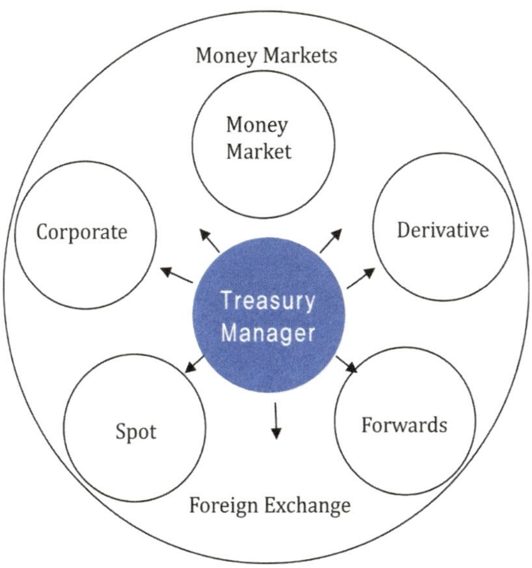

6) Reuters Limited (1999) 참조.

재무관리자(Treasury Manager)

treasury manager는 딜링룸과 딜링팀의 활동에 대한 전반적인 책임을 진다. 딜링룸의 전략을 결정하고 영업대상 시장과 상품에 대한 의사결정을 한다. 마찬가지로 각 팀들에 적용할 재무 한도와 감독을 행사한다. treasury manager는 은행에 이윤을 창출해야 하기 때문에 딜링한도를 딜링룸에 책정해야 한다. 또 treasury manager는 딜링팀 개별 구성원과 시장활동, 보유 포지션, 손익 등에 대해 끊임없이 의사소통을 한다.

딜러팀장(Chief Dealer)

chief dealer는 자신의 팀을 통제하며, 개별 딜러들의 매일매일의 활동을 조정하고 감독하는 책임을 진다. 그들은 이익을 극대화하고 손실을 극소화하기 위해 외환거래의 모든 측면을 모니터 해야 한다.

현물환딜러(Spot FX Dealer)

현물환딜러는 하나 또는 다수의 통화를 거래한다. 예컨대 EUR/USD 또는 USD/JPY 등을 이윤을 위해 사고 판다. 이윤은 투기거래(자기계정 매매)를 통해 얻을 수도 있고, 대 고객거래를 수행하고 은행간 시장에서 그 포지션을 커버함으로써 얻을 수도 있다.

이들이 통상 언론에 등장하는 외환딜러들이다. 그들은 초단위로 일하며 chief dealer가 정한 포지션을 운용한다. 대부분의 포지션은 영업일 일중(intraday) 생성되고 해제된다. 일부 은행들은 딜러의 포지션을 다음 날까지(overnight) 허락하기도 한다. 현물환딜러의 기능은 가치상승 또는 하락을 예상하고 통화를 매매하는 것이다. 그들은 실제로 당해 통화가 필요해서가 아니라 이윤을 얻기 위해 매매한다.

선물환딜러(Forward FX Dealer)

선물환딜러는 선물환계약을 운용하지만 현물환딜러 및 단기금융시장딜러들과 밀접하게 협조한다. 선물환딜러들의 시계는 장기이며 거래하는 통화의 금리에 관심을 가진다. 특히 그들의 관심사는 두 통화의 금리격차이다.

단기금융시장딜러(Money Market Dealer)

단기금융시장딜러는 외환시장의 딜러와 동일한 책임을 지지만 대상이 단기금융시장이다. 은행이 거래한 통화가 국내통화일 수도 있고(영국 은행이 파운드화를 거래), 유로커런시일 수도 있다. 예컨대 유로커런시를 거래한 경우라면 영국 은행이 USD나 EUR를 거래하는 경우이다. 단기금융시장딜러는 고객에게 양방향 가격을 고시하고, 이윤을 극대화하기 위해 낮은 금리로 차입하고 높은 금리로 대출하는 방식으로 포지션을 운용한다.

단기금융시장딜러는 차익거래 시장에서 선물환딜러와 함께 일한다. 여기서 한 통화를 차입하고 외환스왑을 통해 다른 통화로 교환한 후 이 통화를 이윤을 위해 대출한다.

파생상품딜러(Derivatives Dealer)

파생상품딜러는 다양한 외환상품과 단기금융상품 가격을 고시하고 거래하는데, 그 모든 가격은 외환시장의 환율과 단기금융시장의 금리로부터 도출된 것이다. 파생상품은 다른 모든 데스크로부터 도출된 가격을 사용하기 때문에 파생상품 데스크는 통상 대부분의 차익거래를 수행한다. 파생상품 데스크는 구조화상품(합성상품)을 창출하기도 하는데, 이들은 다른 데스크의 상품을 결합하여 하나의 거래로 포장한 것이다.

기업딜러(Corporate Dealer)

기업딜러는 은행간 딜러와 역할이 다르다. 많은 면에서 그들은 기업고객에게 은행의 최전방 대표자이다. 고객의 필요에 따라 기업딜러는 금리, 환율 및 파생상품 가격을 알고 있어야 한다. 그들은 다른 딜러로부터 그러한 가격을 알아내고 기업고객과 은행딜러들을 연결해준다. 그들은 매일 기업고객에게 시장정보를 제공하고 조언을 한다. 훌륭한 기업고객 기반은 딜링룸 전략의 필수적인 부분이고 그것을 유지하는 일은 대단히 중요하다.

SONY, ICI 및 BT와 같은 대기업 고객은 때때로 대규모의 외화를 필요로 한다. 은행이 대규모 기업고객 기반을 가지고 있다면 대규모 주문-예컨대 USD 5,000만을 매도하고 EUR를 매입하는-을 받을 가능성이 높다.

외환거래의 발생요인

무역과 투자(Trade and Investment)

재화를 수출입하는 기업은 한 나라의 통화로 화폐를 지급하고 다른 나라의 통화로 화폐를 수취한다. 따라서 수취하는 통화의 일부분을 지급하는 통화로 교환할 필요가 발생한다. 마찬가지로 외국에서 자산을 매입하는 기업은 현지의 통화로 대가를 지급해야 하므로 자국통화를 현지통화로 교환할 필요가 발생한다.

투기(Speculation)

두 통화간의 환율은 두 통화에 대한 상대적인 수요와 공급에 따라 변화한다. 외환딜러들은 특정 환율로 특정 통화를 매입한 후 더 유리한 환율로 다시 매도함으로써 이득을 취할 수 있다. 투기는 외환시장의 거래에서 큰 부분을 차지한다.

헤징(Hedging)

외국에 공장과 같은 자산을 보유한 기업은 환율변동 때문에, 자국통화로 표시한 자산가치가 변동하는 위험에 노출된다. 비록 해외자산의 외화가치는 일정하다 하더라도 환율이 변화하면 자국통화 표시로는 이익이나 손실이 발생한다. 기업은 헤징을 통해 이러한 잠재적인 손실이나 이익을 제거할 수 있다. 헤징은 환율변동으로 야기된 해외자산의 손실이나 이익을 정확하게 상쇄하는 외환거래를 통해 이루어진다.

외환시장의 소재지

외환거래는 장외(OTC) 시장에서 전세계적으로 24시간 내내 거래가 이루어진다. 외환 파생상품이라고 불리는 많은 외환상품은 거래소시장에서 거래된다. 런던은 세계 최대의 외환시장이며, 그 다음으로 뉴욕, 싱가포르 등이 뒤를 잇는다. 거래는 각 시장에서 통상적인 영업시간 중에 이루어진다. 따라서 외환거래는 아시아 시장에서 시작하여 아시아 시장의 영업일 마감 무렵에 유럽으로 이동하고, 유럽시장의 영업일 마감 무렵에 뉴욕으로 이동하면서 계속된다.

3.4 외환의 역사

1880년부터 제1차 세계대전이 발생한 때까지, 그리고 1~2차 세계대전의 중간기간에는 국제금본위제도(International Gold Standard)가 외환의 기초로 통용되었다. 이것은 일국이 자국의 화폐단위를 일정량의 금으로 평가했음을 의미한다. 그 결과 금은 무제한적으로 수출입 되고 각국 정부는 금과 지폐를 상호 교환할 수 있었다.

1920년대와 1930년대에는 세계적인 통화의 혼란과 경제불황이 있었다. 전쟁 전의 경제상황이 반복되는 것을 피하기 위해 연합국들은 제2차 세계대전의 종반부에 국제통화금융회의를 개최하였다. 이 회의는 1944년 7월 미국 뉴햄프셔주의 브레튼우즈(Bretton Woods)에서 개최되었다. 그 회의에서 두 개의 기구가 설립되었다.

- 국제통화기금(International Monetary Fund: IMF)
- 세계은행(International Bank for Reconstruction and Development: World Bank)

IMF의 목적은 통화안정을 도모하고 국제무역을 저해하는 외환규제를 철폐하는 것이었다. 각국 통화의 가치는 일정량의 금으로 표시되었지만, IMF체제의 기초는 미국 달러화에 대해 금 1온스당 35달러의 고정환율로 금태환을 보장함으로써 유지되었다. 사실상 브레튼우즈 협정은 미국 달러화를 표준적인 국제통화(기축통화)로 만들었다. 여타 국가의 통화들은 금으로 태환 가능한 미국 달러화에 대해 고정환율을 유지했다.

환율은 공식적으로 공표된 환평가(parity)를 기준으로 하여 좁은 환율변동폭(narrow band) 범위 내에서 유지되었다. 예를 들어 1949년부터 1967년까지 영국 파운드화는 £1=US$ 2.80에서 고정되었다. 1960년대 중반경 서독과 일본은 미국에 필적할만한 주요 선진국으로 부상하였다. 1971년에는 미국이 고도한 자본유출의 부담과 늘어나는 무역적자로 인해 금태환 정지를 선언하였다. 1972년 영국도 자국의 파운드화를 여타 통화에 대해 변동하도록 허용하였다.

1973년 브레튼우즈 협정은 붕괴되었고 그 이후로는 환율유동화, 즉 변동환율제도가 허용되었다. 어떤 통화들은 자유로운 환율변동이 허용된 한편, 일부 통화들은 일정범위 내에서 제한적인 환율변동만이 허용되었다. 최근의 아시아 외환위기로, 제한된 범위 내에서만 변동하던 일부 통화들의 환율변동 허용 폭이 지탱 불가능하다는 것이 지적되었다. 시장의 힘에 밀려 결국 아시아의 일부 국가들은 자국 통화가 자유롭게 변동하도록 허용하였다.

1999년 1월 유럽연합은 유럽통화동맹(European Monetary Union: EMU)을 결성하였고 2002년 1월 1일부터 유로를 본격적으로 도입하여 사용하기 시작했다. 유로는 비 유럽통화들에 대해서는 자유롭게 변동할 수 있다.

3.5 환율에 영향을 주는 요인

경제적 요인

경제적 요인에는 네 가지를 고려할 수 있다.

상대적인 이자율

대규모 투자자들은 투자를 이 통화에서 저 통화로 쉽게 이전할 수 있으며, 그들에게는 최선의 투자실적을 올리기 위해 각 통화로부터 얻을 수 있는 투자수익을 비교하는 것이 중요한 일이다.

투자자가 자국통화 대출보다 외국통화 대출로 더 높은 이자를 받을 수 있다면 그 외국통화로 대출을 하는 것이 유리하다. 우선 현재의 환율로 국내통화를 외국통화로 교환해서 그 외국통화를 그 통화의 이자율로 대출한다. 그 다음에 만기가 되면 그 외국통화의 원리금을 다시 국내통화로 교환한다. 이 방식으로 서로 다른 통화의 이자율을 비교하는 것을 상대이자율 비교하기(comparing relative interest rates)라고 한다.

사실 고금리 통화는 여타통화에 대해 가치가 상승하는 경향이 있는데, 이것은 더 많은 투자자들이 더 높은 이자수익을 얻기 위해 고금리 통화를 매입하기 때문이다.

사례 5

여러분이라면 단기와 장기에 어느 나라에 투자하겠는가?

이자율	1년	인플레이션률 %
Euro	$5^5/_{16}$ - $5^3/_{16}$	2.2
Sterling	$7^5/_8$ - $7^1/_2$	2.7
Swiss franc	4 - $3^7/_8$	1.9
US dollar	$6^{11}/_{16}$ - $6^9/_{16}$	3.2
Japanese yen	$2^1/_{16}$ - 2	2.2

구매력평가(PPP)

구매력평가란 서로 다른 통화의 상대적인 구매력 척도이다. 구매력평가의 측정은 서로 다른 국가에서 동일한 재화의 가격으로 측정되는데, 통상 기준통화인 달러화에 대한 각국 통화의 환율로 표시된다. 구매력평가의 배경에 있는 개념은, 만약 한 나라에서 재화가 저렴하다면 이들 재화를 더 비싼 국가로 수출하는 것이 유리하다는 것이다.

예를 들어 동일한 자동차가 미국에서는 US$ 20,000이고 일본에서는 ¥ 2,400,000이라고 하자. USD/Yen 환율이 100이라면 미국의 바이어가 일본에서 이 자동차를 구매하려면 US$ 24,000이 든다(=2,400,000/100). 일본에서는 미국에서보다 자동차가 더 비싸고 따라서 소비자들은 미국에서 자동차를 구입하는 것이 유리하다.

그러나 만약 USD/Yen 환율이 140이라면 일본에서 이 자동차는 US$ 17,143에 불과하다(=2,400,000/140). 따라서 미국의 바이어는 일본으로부터 자동차를 수입하는 것이 유리하다.

경제상황

환율은 장기에 다음과 같은 일국의 경제상황과 추세에 영향을 받는다.

- 국제수지
- 경제성장
- 인플레이션률
- 통화공급
- 실업
- 세율

자본에 대한 수요와 공급

자본은 투자자가 보기에 기회가 있다고 판단되는 국가로 이동한다. 어떤 국가들은 자본이 필요하고 따라서 적절한(높은) 이자율을 제시한다. 또 어떤 국가들은 자본 과잉 상태여서 낮은 이자율을 유지하기도 한다. 그러나 투자자들이 항상 고금리 수익만을 보고 투자하는 것은 아니다. 예를 들어 일본의 자동차 산업이나 전자산업계는 관세와 쿼타 등 무역장벽을 극복하기 위해 미국과 일본에 투자하여 공장을 운영한다.

단기의 정상적인 기업활동은 자본에 대한 수요와 공급에 영향을 미친다. 대규모 자본을 거래하는 은행간 시장은 소규모의 스프레드를 부과하지만, 소매시장은 더 높은 스프레드로 소규모 자본거래를 취급한다. 소매시장에서 갑자기 자본 수요가 발생하면 은행간 시장의 이자율에 영향을 미치고 이것이 다시 환율에 영향을 준다.

정치적 요인

환율은 장단기에 걸쳐 다음과 같은 정치적 요인에도 영향을 받을 수 있다.

- 정부가 추구하는 경제정책 유형
- 정치적 상황과 관련된 불확실성
- 중앙은행이나 여타 규제당국의 규제정책
- 자국통화에 영향을 미치려는 중앙은행의 외환시장개입

시장심리(Market Sentiment)

환율의 단기변동은 시장참여자들이 시장심리라고 부르는 요인의 결과일 수 있다. 시장심리는 외환딜러들이 환율 추이의 단기전망에 대해 가지는 인식이다. 시장심리는 통상 '긍정적'(positive) 또는 '부정적'(negative)이라고 언급된다. 한 통화의 시장심리가 긍정적일 경우 그 통화는 다른 통화에 대해 상대적으로 강세가 되고 부정적일 때에는 상대적으로 약세가 된다.

외환딜러들은 주어진 경제의 뉴스에 따라 행동한다. 때때로 외환딜러들은 뉴스나 정부의 중요한 정책발표를 미리 예상하고 뉴스가 실제로 발표되기 전에 외환을 매매한다. 시장심리는 뉴스가 전달될 때 통화가 움직이는 방식에 영향을 준다. 예를 들어 정부의 GDP통계 발표를 앞두고 시장심리가 긍정적이라면 그 나라의 통화는 통계발표를 예상하고 강세를 보일 것이다. 정부의 GDP발표가 시장의 기대에 못 미치는 것으로 확인되면, 설사 그 GDP통계가 괜찮은 소식이라고 할지라도 그 통화는 약세를 보일 것이다. 뉴스는 기존의 시장심리와 대비하여 시장에 영향을 준다.

기술적 분석(Technical Analysis)

많은 외환딜러들은 과거 환율추이에 근거하여 외환거래를 한다. 이것은 경제의 펀더멘털이나 뉴스보다도 과거의 시장추세가 장래의 시장추세를 잘 예측한다는 믿음 때문이다. 이러한 관행을 기술적 분석(technical analysis)이라고 한다. 기술적 분석은 시장의 추세를 강조하는데, 이것은 시장참여자들이 현재에도 과거와 동일한 방식으로 반응할 것이라는 가정에 기초한 것이다.

3.6 무엇이 외환시장을 움직이는가?

외환시장은 여러 가지 요인에 의해 움직인다. 예를 들면 경제의 펀더멘털, 특정 통화에 대한 수요와 공급, 뉴스와 시장심리 등이 그것이다. 단기적인 환율변동의 상당부분은 경제에 대한 시장의 기대나 시장심리의 결과이다. 외환딜러들은 정기적으로 공표되는 경제지표나 통계에 관심을 가진다. 통계가 실제로 공표되기 전에 시장은 예상전망에 근거하여 스스로 가격을 설정한다. 통계가 공표되면 시장은 이것을 기대치와 비교하여 반응한다. 외환딜러들은 다음과 같은 요인들에 기초하여 어떤 통화가 특정한 방향으로 움직일 것이라고 믿게 된다.

- 차트는 무엇을 알려주는가 - 최근의 추세는 어떠했는가?
- 시장의 다른 딜러들은 무엇이라고 말하는가?
- 시장이 매도세인가 매입세인가 - 시장이 어떻게 느끼고 있는가?
- 중앙은행이 외환시장에 개입하고 있는가?
- 외환딜러가 최근에 이익을 보았는가 아니면 손실을 보았는가?

외환딜러들은 시장에 대한기대나 실제 뉴스에 따라 행동한다. 뉴스에는 실업률 통계발표 같은 사안이 포함되기도 하고, 자연재해나 정치적 혼란처럼 전혀 예상치 못한 사건들도 포함된다. 소문 역시 시장에 강력한 영향을 미친다. 때때로 시장은 소문이 마치 기정사실인 것처럼 소문에 반응하며, 그 소문이 확인되거나 부인되면 시장은 다시 안정을 되찾는다. 시장이 소문에 반응하는 방식은 다음과 같은 표현으로 잘 요약된다.

3.7 누가 외환시장을 이용하는가?

외환딜러: 시장조성자와 시장추종자

외환시장에서 가격을 고시하는 딜러를 시장을 형성한다는 의미에서 시장조성자(market-maker)라고 한다. 한편 시장조성자가 고시한 가격에 따라 거래하는 딜러를 시장추종자(market-taker)라고 한다. 외환딜러는 가격을 고시하기도 하고 고시된 가격으로 거래하기도 하는 경우 동시에 시장조성자와 시장추종자가 될 수도 있다.

상업은행과 투자은행의 딜러

외환거래의 대부분은 상업은행과 투자은행 소속의 딜러들에 의해 이루어진다. 대부분의 거래는 투기나 헤지 목적이지만, 기업고객들에 대한 서비스로서 외환거래를 하기도 한다.

중앙은행

중앙은행은 영란은행과 미국의 연방준비은행처럼 리저브 자산을 관리하고 시장 질서를 유지하기 위해 외환시장에 개입한다.

기업고객

수출입 업무를 수행하는 많은 기업들은 무역이나 투자 목적으로 외화를 필요로 한다. 기업들 역시 환리스크를 최소화하기 위해 외환거래를 하기도 한다.

브로커회사

브로커회사들은 거래가 성사되기까지 거래 당사자의 익명성을 유지하면서 매수주문과 매도주문을 연결해준다. 브로커회사들은 최고가격으로 매수하고자 하는 딜러와 최저가격으로 매도하고자 하는 딜러를 알 수 있다. 브로커회사들은 포지션을 보유하지 않으며 성사된 거래에 대해 수수료를 받는다.

Reuter Dealing 2000-2/3000이나 EBS/Minex와 같은전자브로커시스템의 거래비중이 총 외환거래액에서 점차증가하고 있다. 외환시장의 주요 참여자는 은행이다. 외환시장이 주로 장외거래로 거래되고 따라서 분권화되어 있지만, 24시간 거래가 이루어지며 일부 상품은 거래소에서도 거래된다. 예를 들면 통화선물은 시카고상품거래소(Chicago Mercantile Exchange: CME)에서 활발하게 거래되며, 통화옵션은 필라델피아증권거래소(Philadelphia Stock Exchange: PHLX)에서 활발하게 거래된다.

이러한 장내거래상품을 제외하면, 외환거래를 중앙집중식으로 기록하는 체제가 없다. 국제결제은행(BIS)이 3년마다 외환시장의 전반적 거래상황을 추산할 뿐이다. 이를 위해 국제결제은행은 회원국 중앙은행을 상대로 서베이를 실시한다.

제2장 외환금융시장의 수식 기초

1. 퍼센트

외환금융시장에서 금리를 표현할 때 5.3%, 5.3/100 또는 0.053은 모두 같은 의미이다. 이 책에서는 계산할 때 편의상 소수점 단위의 숫자, 즉 0.053을 쓰기로 한다. 예를 들어 계산 식에서 5.3%의 금리가 사용될 때 0.053을 사용하며 5.3을 사용하지 않는다.

또 금리를 언급할 때 베이시스 포인트(basis point)는 항상 0.01%, 즉 0.01/100 또는 0.0001을 의미한다. 환율에서의 포인트와는 구분하여 사용한다.

2. 단리 이자의 계산

단기금융상품의 경우 이자계산은 복리보다 단리로 계산한다. 단리 계산이란 이자에 다시 이자를 매기지 않는 방식인데, 중간에 발생하는 이자에 대해서는 재 투자 시 이자를 매기지 않는다는 것이다. 대부분의 단기금융시장에서는 항상 그런 것은 아니지만 만기에 단 한번 이자를 지급하기 때문에 단기금융시장에서 적절한 이자지급 방식이다.

우리가 USD 1,000,000을 5.3%로 92일간 예금한다고 가정하자. 5.3%의 금리는 1년간의 금리이므로 우리가 예상하는 이자는 5.3%의 92일치 금리이다.

$$\text{USD } 1{,}000{,}000 \times 0.053 \times = \frac{92}{365} = \text{USD } 13{,}358.90$$

따라서 92일 후 원리금을 합한 총 수령액은 다음과 같다.

$$\text{USD } 1{,}000{,}000 + \text{USD } 13{,}358.90 = \text{USD } 1{,}013{,}358.90$$

위의 만기 원리금 수령액은 다음과 같이 표시할 수도 있다.

$$\text{USD } 1{,}000{,}000 \times (1 + 0.053 \times \frac{92}{365}) = \text{USD } 13{,}358.90$$

$$\text{단리의 이자수익} = \text{원금} \times \text{금리} \times \frac{\text{days}}{\text{year}}$$

$$\text{만기 수령액} = \text{원금} \times (1 + \text{금리} \times \frac{\text{days}}{\text{year}})$$

날짜 수는 해당 기간의 달력상 날짜 수를 말하며 첫째 날은 포함하고 마지막 날은 포함하지 않는다. 1년은 통상 한 해의 날짜수를 말한다. 상세한 내용은 추후 논의

3. 상이한 day/year의 관습[1)]

3.1 ACT/360 방식과 ACT/365 방식

여러 시장에서 일반적 규칙은 이자계산을 할 경우 실제 해당기간의 날짜 수(ACT)를 1년의 비율로 환산하여 계산한다.

그런데 1년의 기준 날짜(분모)가 360일인 경우가 많이 있다. 이것은 세계 여

1) Steiner(2002), *Foreign Exchange and Money Markets: Theory, Practice and Risk Management*, Butterworth-Heinemann을 주로 참고함. 그 외에도 Finance Trainer International (http://www.financetrainer.com/fileadmin/inhalte/TOOLS_SKRIPTEN/0201_mmfme.pdf)의 각 금융외환분야 교육자료를 참고할 수 있음.

러 금융시장에서의 관습을 따른다. 예를 들어 은행이 USD 1,000,000의 예금금리를 연 5.3%로 고시할 경우, 은행은 365일에 대해서가 아니라 360일에 대해 5.3%를 지급한다. 따라서 1년의 기준을 360일로 하는 경우 365일에 대한 이자금액은 1년치 금리보다 약간 많다.

$$\text{USD } 1{,}000{,}000 \times 0.053 \times = \frac{365}{360} = \text{USD } 53{,}736.11$$

반면 파운드 예금은 1년의 기준을 365일로 가정한다. 따라서 GBP 1,000,000을 1년간 예금할 경우 금리가 연 5.3%라면 이자금액은 정확하게 5.3%가 된다. 그러나 윤년의 경우에는 실제 날짜 수는 366일이므로 이자금액이 약간 더 커진다.

$$\text{GBP } 1{,}000{,}000 \times 0.053 \times = \frac{366}{365} = \text{GBP } 53{,}145.21$$

이처럼 1년의 기준(분모)은 금융시장의 관습에 따라 다르다. 파운드화 시장의 관습은 ACT/365라고 부른다. 반면 달러화와 유로화 시장의 관습은 ACT/360이라고 부른다. 즉 분모로 나누는 1년의 날짜수가 시장에 따라 다른 것이다. 대부분의 금융시장은 ACT/360 관습을 따르지만, 다음 시장은 예외적으로 ACT/365 관습을 따른다.

국내시장/국제시장 모두 ACT/365	국내시장만 ACT/365
Pound Sterling(GBP) Hong Kong dollar(HKD) Singapore dollar(SGD) Malaysian ringgit(MYR) Taiwan dollar(TWD) Thai baht(THB) South African rand(ZAR)	Japanese yen(JPY) Canadian dollar(CAD) Australian dollar(AUD) New Zealand dollar(NZD)

사례 1

GBP 1,000,000의 예금금리가 연 5.3%로 고시되었다. 2015년 10월 31일부터 2016년 3월 5일까지 예금할 경우 이자금액은 얼마인가?

2월이 윤달로서 29일이므로 이 기간의 날짜 수는 126일이다. 따라서 이자금액은:

$$\text{GBP } 1{,}000{,}000 \times 0.053 \times \frac{126}{365} = \text{GBP } 18{,}295.89$$

사례 2

USD 1,000,000의 예금금리가 연 5.3%로 고시되었다. 2015년 10월 31일부터 2016년 3월 5일까지 예금할 경우 이자금액은 얼마인가?

2월이 윤달로서 29일이므로 이 기간의 날짜 수는 126일이다. 따라서 이자금액은:

$$\text{USD } 1{,}000{,}000 \times 0.053 \times \frac{126}{360} = \text{USD } 18{,}550.00$$

3.2 30/360 방식

또 다른 방식으로서 스웨덴의 Treasury-Bill이나 일부 유럽국가의 채권시장에서는 30/360 방식이 사용된다. 이 방식은 30(E)/360 또는 360/360 방식이라고도 불리는데 1년의 기준은 360일이다. 특정 기간의 날짜 수는 다음 방식을 사용한다. 즉 각각의 달은 30일로 계산하고 달 수의 차이를 30으로 곱하고 마지막으로 날짜 사이의 차이를 여기에 더해주면 실제 날짜 수가 된다.

사례 3

EUR 1,000,000의 예금금리가 30/360 기준으로 연 5.3%로 고시되었다. 2015년 10월 31일부터 2016년 3월 5일까지 예금할 경우 이자금액은 얼마인가?

첫째, 10월 31일을 10월 30일로 바꾼다. 둘째, 10월에서 3월까지 5달이 있으므로 5×30 = 150이다. 셋째, 30일에서 5일까지 차이는 −25일이다. 따라서 이 방식에 따르면 10월 31일에서 3월 5일까지에는 125일이 있게 된다. 따라서 이자금액은:

$$\text{EUR } 1{,}000{,}000 \times 0.053 \times \frac{125}{360} = \text{EUR } 18{,}402.78$$

ACT/365와 30/360기준은 채권시장의 방식과 유사하기 때문에 채권기준이라고도 불린다. ACT/360기준은 화폐시장(단기금융시장)기준으로도 불린다.

3.3 두 방식의 상호 변환

위에서 살펴 본 한 방식으로 고시된 금리를 다른 방식의 금리로 변환하는 것도 가능하다.

$$\frac{ACT}{360}\text{기준의 금리} = \frac{ACT}{365}\text{기준의 금리} \times \frac{360}{365}$$

$$\frac{ACT}{365}\text{기준의 금리} = \frac{ACT}{360}\text{기준의 금리} \times \frac{365}{360}$$

$$\frac{ACT}{360}\text{기준의 금리} = \frac{30}{360}\text{기준의 금리} \times \frac{\frac{30}{360}\text{기준으로 산정한 날짜 수}}{\frac{ACT}{360}\text{기준으로 산정한 날짜 수}}$$

$$\frac{30}{360}\text{기준의 금리} = \frac{ACT}{360}\text{기준의 금리} \times \frac{\frac{ACT}{360}\text{기준으로 산정한 날짜 수}}{\frac{30}{360}\text{기준으로 산정한 날짜 수}}$$

사례 4

한 딜러가 5월 5일부터 8월 31일까지 EUR 1,000,000의 예금금리를 ACT/360기준으로 연 4.7%라고 고시하였다. 만약 고객이 이를 ACT/365 또는 30/360 기준으로 변환하기를 원한다면 금리는 어떻게 되는가?

이 기간 중 실제 날짜 수는 118일.
30/360 기준으로는 115일.

$$\frac{ACT}{365}\text{기준의 금리} = 4.7\% \times \frac{365}{360} = 4.7653\%$$

$$\frac{30}{360}\text{기준의 금리} = 4.7\% \times \frac{118}{115} = 4.8226\%$$

4. 현재가치

사례 2에서 본 것처럼 USD 1,000,000을 5.3%로 126일간 예금할 경우 이자 수령액은 USD 18,550.00이다. 126일 후 원금과 이자를 합한 총 수령금액은 USD 1,018,550.00이다.

$$\text{USD } 1{,}000{,}000 \times (1 + 0.053 \times \frac{126}{360}) = \text{USD } 1{,}018{,}550.00$$

만약 126일 후 USD 1,018,550.00을 수령하려면 지금 얼마를 예금해야 하는가라는 질문을 할 수 있다. 이미 알고 있는 것처럼 정답은 USD 1,000,000이다. 그렇다면 어떻게 계산할 수 있는가?

$$\frac{\text{USD } 1{,}018{,}550.00}{(1 + 0.053 \times \frac{126}{360})} = \text{USD } 1{,}000{,}000$$

방금 계산한 이 USD 1,000,000이 USD 1,018,550.00의 현재가치이다. 즉 장

래 USD 1,018,550.00가 현재에는 얼마의 가치가 있는가를 보여주는 것이기 때문이다. 현재 USD 1,000,000를 받건 126일 후 USD 1,018,550.00를 받건 그 가치가 동일하다. 현재가치는 금리수준과 미래까지의 기간에 의해 결정된다. 이러한 현재가치의 계산방식을 할인이라고 하고 할인에 사용된 이자율을 할인율이라고 한다.

$$\text{현재가치 (Present value)} = \frac{\text{미래 현금흐름 금액}}{(1 + \text{금리} \times \frac{\text{days}}{\text{year}})}$$

사례 5

90일 후 USD 1,000,000가 되는 현금흐름의 현재가치는 얼마인가?
이자율(할인율)은 6.5%이다.

$$\text{현재가치} = \frac{\text{미래 현금흐름 금액}}{\left(1 + \text{금리} \times \frac{\text{days}}{\text{year}}\right)} = \frac{\text{USD } 1{,}000{,}000}{\left(1 + 0.065 \times \frac{90}{360}\right)} = \text{USD } 984{,}009.84$$

5. 투자수익률(또는 차입비용)의 계산

투자 초기에 얼마를 투자하는지 알고, 만기에 수령할 총 금액을 안다면 투자기간의 수익률은 얼마인가? 차입의 경우에도 초기에 차입금액을 알고 만기에 상환금액을 안다면 차입비용은 얼마인가? 그 공식은 다음과 같다.

$$\text{수익률 (Yield)} = \left(\frac{\text{만기시점의 현금흐름}}{\text{초기시점의 현금흐름}} - 1\right) \times \frac{\text{year}}{\text{days}}$$

이 공식은 초기시점과 만기시점 사이에 현금흐름이 없을 때에만 유용한 공식이다. 만약 시작시점과 만기시점 사이에 여러 번의 현금흐름이 발생한다면 이자수입이 다시 이자를 낳기 때문에 복리 방식을 사용해야 한다. 차입비용의 경우도 마찬가지다.

사례 6

USD 356,897.21을 213일 동안 차입하고 만기에 USD 368,363.43을 상환한다면 차입비용 이자율은?

$$\text{차입금리 (Rate)} = \left(\frac{\text{만기시점의 현금흐름}}{\text{초기시점의 현금흐름}} - 1\right) \times \frac{\text{year}}{\text{days}}$$

$$= \left(\frac{\text{USD } 368{,}363.43}{\text{USD } 356{,}897.21} - 1\right) \times \frac{360}{213} = 0.0543 = 5.43\%$$

6. 둘 이상 다른 금리로 복리계산(Strip)

만약 USD 1,000,000을 4.7%의 금리로 73일간 차입한다고 하자. 만기에 원리금 전액을 다시 124일간 4.9%로 차입한다고 가정하자. 그러면 전체기간인 197일간의 금리는 어떻게 되는가?

우선 1단계 73일 후 이자비용은 USD 9,530.56이다.

$$\text{USD } 1{,}000{,}000 \times 0.047 \times \frac{73}{360} = \text{USD } 9{,}530.56$$

그러면 다시 차입하는 전체금액은 USD 1,009,530.56이다. 이 금액을 124일간 4.9%로 차입하면 이자비용은 USD 17,038.63이다.

$$\text{USD USD } 1{,}009{,}530.56 \times 0.049 \times \frac{123}{360} = \text{USD } 17{,}038.63$$

따라서 197일 후 지급해야 하는 총 원리금 상환액은 USD 1,026,569.19이다(= USD 1,009,530.56 + USD 17,038.63). 따라서 전체기간의 금리는 다음처럼 4.855%로 계산된다.

$$\text{차입금리 (Rate)} = \left(\frac{\text{만기시점의 현금흐름}}{\text{초기시점의 현금흐름}} - 1\right) \times \frac{\text{year}}{\text{days}}$$

$$= \left(\frac{\text{USD 1,026,569.19}}{\text{USD 1,000,000.00}} - 1\right) \times \frac{360}{197} = 0.04855 = 4.855\%$$

한번 이상 계속 차환되는 경우에도 총 기간이 1년을 넘지 않는다면 동일한 방식이 적용된다. 이처럼 둘 이상의 다른 금리를 복리형태로 합성하는 과정을 스트리핑(stripping)이라고 하며 다음과 같은 공식으로 나타낼 수 있다.

스트립 계산하기(Stripping)

만기 1년까지의 단리 금리를 복리 방식으로 합성하기

$$= \left\{\left(1 + \left(\text{1회차 금리} \times \frac{\text{1회차 기간의 날짜 수}}{\text{year}}\right)\right) \times \left(1 + \left(\text{2회차 금리} \times \frac{\text{2회차 기간의 날짜 수}}{\text{year}}\right)\right) \times \left(1 + \left(\text{마지막회차 금리} \times \frac{\text{마지막회차 기간의 날짜 수}}{\text{year}}\right)\right) - 1\right\} \times \frac{\text{year}}{\text{총 날짜 수}}$$

사례 7

위의 공식을 이용하여 방금 계산한 4.855%를 도출해보면?

$$\left\{\left(1+\left(0.047\times\frac{92}{360}\right)\right)\times\left(1+\left(0.049\times\frac{124}{360}\right)\right)-1\right\}\times\frac{360}{197}$$

$$=0.04855=4.855\%$$

7. 보간법(Interpolation)

외환금융시장에서 가격은 통상 1개월, 2개월 등 표준기간에 대해 고시된다. 만약 그 사이의 비표준기간(odd or broken date)에 대해 고시할 경우 직선보간법을 사용한다.

1개월(30일) 금리가 8.0%이고 2개월(61일) 금리가 8.5%라고 하자. 39일 금리는 금리가 1개월물에서 2개월물까지 직선으로 상승한다고 가정하여 비례적으로 산출한다. 즉 30일에서 39일까지의 상승은 30일에서 61일까지의 상승 분의 9/31에 해당한다. 이는 환율 계산에도 동일하게 적용된다.

$$8.0\%+\left((8.5\%-8.0\%)\times\frac{9}{31}\right)=8.1452\%$$

직선 보간법(Straight-line interpolation)

$$\text{보간금리}=\text{1차 금리}+\left((\text{2차 금리}-\text{1차 금리})\times\frac{\text{1차부터 해당일까지의 날짜 수}}{\text{1차부터 2차까지의 날짜 수}}\right)$$

사례 8

3개월(92일) 금리가 15.2%이고 4개월(123일) 금리가 15.0%이다. 104일 금리를 직선 보간법으로 구하면 얼마인가?

$$15.2\% + \left((15.0\% - 15.2\%) \times \frac{104 - 92}{123 - 92}\right) = 15.1226\%$$

8. 이자지급 횟수

은행이 고객에게 GBP 1,000,000을 182일간 5.3%로 대출하면 만기에 GBP 1,026,427.40을 되돌려 받는다.

$$\text{GBP } 1{,}000{,}000 \times 0.053 \times \frac{182}{365} = \text{GBP } 26{,}427.40$$

$$\text{GBP } 1{,}000{,}000 + \text{GBP } 26{,}427.40 = \text{GBP } 1{,}026{,}427.40$$

그러나 고객이 이자를 2회에 걸쳐(91일 후와 182일 후) 지급하기를 원한다면 은행은 약간 더 이득을 본다. 91일 후 상환 받은 이자금액이 다시 재투자되어 이자가 이자를 낳기 때문이다. 금리가 동일한 5.3%라면 만기에 총 GBP 1,026,602.00을 되돌려 받는다.

① 1차 이자수령액(91일 후)은 GBP 13,213.70.

$$\text{GBP } 1{,}000{,}000 \times 0.053 \times \frac{91}{365} = \text{GBP } 13{,}213.70$$

② 1차 이자수령액을 91일간 재투자한 결과, 182일 후 GBP 174.60을 수령함.

$$\text{GBP } 13{,}213.70 \times 0.053 \times \frac{91}{365} = \text{GBP } 174.60$$

③ 182일 후 2차 이자수령액 GBP 13,213.70과 원금 GBP 1,000,000을 되돌려 받음.

④ 총 수령액은 GBP 1,026,602.00.

$$= \text{GBP } 13{,}213.70 + \text{GBP } 174.60 + \text{GBP } 13{,}213.70 + \text{GBP } 1{,}000{,}000$$

⑤ 이 은행은 GBP 1,000,000에 대해 이자로 GBP 26,602.00을 벌어들였다. 이것은 은행이 5.335%의 금리를 고시하여 182일간 벌어들인 이자와 같다.

$$\text{GBP } 1{,}000{,}000 \times 0.05335 \times \frac{182}{365} = \text{GBP } 26{,}601.92$$

여기서 5.3%는 매 3개월 이자지급 명목금리, 5.335%는 6개월 이자지급 상당금리라고 부른다.

1년간 M회 이자를 지급하는 경우의 상당금리
$$= \left(\left(1 + \left(\frac{\text{1년간 N회 이자지급하는 금리}}{\text{N}} \right) \right)^{\frac{N}{M}} - 1 \right) \times \text{M}$$

우리가 앞에서 설명한 예는 5.3%를 3개월마다 즉 1년에 4회 꼴로 지급하는 것이다(비록 계약은 6개월 간이지만). 이를 1년에 2회 지급하는 6개월 상당금리로 바꾸려면 위의 공식을 이용하면 된다.

사례 9

6개월 상당금리(연 2회 지급)

$$= \left(\left(1 + \left(\frac{0.053}{4} \right) \right)^{\frac{4}{2}} - 1 \right) \times 2 = 0.05335 = 5.335\%$$

8.1 실효금리(Effective rates)

이자가 1년에 한번만 지급되는 1년 상당금리를 실효금리라고 한다. 예를 들어 3개월 예금이 3번(3개월 후, 6개월 후, 9개월 후) 재 예치하여 1년간 예치한다고 할 경우 최종적으로 1년 후에 누적된 금리를 실효금리라고 하는 것이다.

$$\text{실효금리(Effective rate)} = \left(1 + \left(\text{고시된 명목금리} \times \frac{\text{days}}{\text{year}}\right)\right)^{\frac{365}{\text{days}}} - 1$$

사례 10

딜러가 두 건의 USD투자를 비교하려고 한다. 하나는 9.1% 수익률의 153일 투자이고, 다른 하나는 9.05% 수익률의 87일 투자이다. 87일 후에 금리가 상승할 것으로 예상되면 87일 투자를 먼저하고 그 원리금을 재투자하는 것이 유리하지만 금리변화 없다면 두 가지의 실효금리를 비교하면 된다. 87일 투자의 경우가 비록 명목금리는 낮아도 실효금리가 높다.

$$\left(1 + \left(0.091 \times \frac{153}{360}\right)\right)^{\frac{365}{153}} - 1 = 0.09475 = 9.475\%$$

$$\left(1 + \left(0.0905 \times \frac{87}{360}\right)\right)^{\frac{365}{87}} - 1 = 0.09501 = 9.501\%$$

연습문제

01 4개의 은행이 다음 가격을 고시했다. 당신이라면 어떤 은행에서 차입하고 어떤 은행에 대출하겠는가?

a) $6^5/_8$ - $6^9/_{16}$% b) $6^{11}/_{16}$ - $6^5/_8$%
c) $6^9/_{16}$ - $6^5/_8$% d) $6^9/_{16}$ - $6^1/_2$%

02 다음 설명은 참인가 거짓인가?
유로달러 예금은 반드시 UK이외의 은행에서 취급된다.

a) 옳다 b) 그르다

03 아래 설명 중 브레튼우즈 협정을 올바로 설명한 것은?
브레튼우즈 협정이 목표로 한 것은:

a) 외환통제를 제거하려 하였다
b) 모든 통화를 교환가능 통화로 하였다
c) 환율을 안정시키려 하였다

04 다음 중 연방준비은행이 직접 통제할 수 있는 것은?

a) 공정할인률 b) 은행시스템 내의 유동성
c) US달러 환율 d) 연방자금금리

05 Herstatt Risk는 어떤 유형의 리스크인가?

a) 시장 b) 결제
c) 교체

06 전형적인 딜링룸 내의 다섯개 데스크를 들어 보시오.

07 금융기관이 상대 기관과 관련된 리스크를 통제하는 수단으로 어떤 것들이 있는가?

08 아래의 언급 중 참인 것은?

a) 외환은 대부분의 금융센터 거래소에서 거래된다
b) 외환시장은 분권화되어 있다
c) 외환시장은 장외거래시장(OTC)이다
d) 외환거래는 런던, 뉴욕, 동경시장에서만 거래된다

09 다음 중 어떤 것이 금리에 직접 영향을 주는가?

a) 인플레이션률
b) 환율
c) 화폐의 수요와 공급

10 다음 중 어떤 요인이 환율에 직접 영향을 주는가?

a) 경제상황
b) 정치적 요인
c) 시장기대

11 다음 중 단기금융시장의 금융상품 만기는 어느 것인가?

a) 1주일 - 1년
b) 하루 - 1년
c) 1년- 10년
d) 1년- 30년

12 US 달러 금리가 상승하면 가장 가능성이 높은 효과는 어느 것인가?

a) 달러의 가치가 여타 통화에 비해 상승할 것이다
b) 달러의 가치가 여타 통화에 비해 하락할 것이다
c) 아무 영향이 없다

13 외환시장이 존재하는 이유 3가지를 설명해보라

14 채무증서는 언제 단기금융시장의 금융상품에 영향을 주는가

15 USD 5,000,00을 8월 17일에서 12월 31일까지 6.7%로 투자한다. 만약 ACT/365, ACT/360 or 30/360 기준으로 금리를 고시하면 이자수익은 각각 얼마인가?

16 딜러가 30/360 기준으로 8월 17일에서 12월 31일까지 6.7% 금리를 고시한다. 만약 고객이 ACT/365 기준을 원한다면 금리는 얼마인가?

17 할인율 4.2% 를 이용하면 276일 후 발생하는 EUR 5,327.21의 현재가치는?

18 GBP 2,345,678.91을 지금 투자하고 일주일 후 매도하여 GBP 2,350,000.00을 얻는다면 수익률은?

19 6개월(183일) 금리가 9.00%이고 7개월(214일) 금리가 9.15%라면 193일 금리는 얼마인가?

20 딜러가 매월 지급기준으로 7.35%의 금리를 고시했다. 그런데 고객이 분기별로 이자를 지급하기를 원한다. 이 경우 딜러는 상당금리를 어떻게 고시해야 하는가?

21 명목금리 4.6%로 고시된 45일 Euro의 실효금리는 얼마인가?

22 기업이 US dollars를 5.1%에 183 일간 차입하고 만기에 그 원리금을 다시5.3%에 92일간 재 차입한다고 하자. 전체 9개월에 대한 단리 금리는?

연습문제 해답

1. 차입할 은행: c), d) $6^{9}/_{16}\%$
   대출할 은행: b), c) $6^{5}/_{8}\%$

2. b)

3. a), b) and c)

4. a) 유일하게 직접통제 가능. 다른 항목은 간접적으로 통제

5. b)

6. Spot desk
   Money market desk
   Forward desk
   Corporate desk
   Derivatives desk

7. 상대기관의 신용도와 여타요인에 기초하여 노출한도를 설정한다.

8. b), c)

9. a), c)

10. a), b), c)

11. a)

12. a)

13. 수출입금융을 위한 무역과 투자; 환위험을 최소화하기 위한 헤지; 이윤을 위한 투기

14. 채무증서 만기의 마지막 년도에는 그것이 단기금융상품과 같아지므로 상호 비교가 가능해진다

15. ACT/365 basis: $5{,}000{,}000 \times 0.067 \times \frac{136}{365} = 124{,}821.92$

ACT/360 basis: $5{,}000{,}000 \times 0.067 \times \frac{136}{360} = 126{,}555.56$

30/360 basis: $5{,}000{,}000 \times 0.067 \times \frac{133}{360} = 123{,}763.89$

16.

$$\text{ACT/360 basis} = \frac{30}{360}\text{기준의 금리} \times \frac{\frac{30}{360}\text{기준으로 산정한 날짜 수}}{\frac{ACT}{360}\text{기준으로 산정한 날짜 수}}$$

$$= 0.067 \times \frac{133}{136} = 0.06552 = 6.552\%$$

$$\text{ACT/365 basis} = \frac{ACT}{360}\text{기준의 금리} \times \frac{365}{360}$$

$$= 6.553\% \times \frac{365}{360} = 6.643\%$$

17.

$$\text{현재가치 (Present value)} = \frac{\text{미래 현금흐름 금액}}{\left(1 + \text{금리} \times \frac{days}{year}\right)}$$

$$= \frac{\text{EUR } 5{,}327.21}{\left(1 + 0.042 \times \frac{276}{360}\right)} = \text{EUR } 5{,}162.02$$

18.

$$\text{수익률 (Yield)} = \left(\frac{\text{만기시점의 현금흐름}}{\text{초기시점의 현금흐름}} - 1\right) \times \frac{year}{days}$$

$$= \left(\frac{\text{GBP } 2{,}350{,}000.00}{\text{GBP } 2{,}345{,}678.91} - 1\right) \times \frac{365}{7} = 0.0961 = 9.61\%$$

19.

$$\text{보간금리} = \text{1차 금리} + \left((\text{2차 금리} - \text{1차 금리}) \times \frac{\text{1차부터 해당일까지의 날짜 수}}{\text{1차부터 2차까지의 날짜 수}}\right)$$

$$= 9.00\% + \left((9.15\% - 9.00\%) \times \frac{193 - 183}{214 - 183}\right) = 9.0484\%$$

20. 1년간 4회 이자를 지급하는 경우의 상당금리

$$= \left(\left(1 + \left(\frac{\text{1년간 N회 이자지급하는 금리}}{N}\right)\right)^{\frac{N}{M}} - 1\right) \times M$$

$$= \left(\left(1 + \left(\frac{0.0735}{12}\right)\right)^{\frac{12}{4}} - 1\right) \times 4 = 0.07395 = 7.395\%$$

21.

$$\text{실효금리 (Effective rate)} = \left(1 + \left(\text{고시된 명목금리} \times \frac{\text{days}}{\text{year}}\right)\right)^{\frac{365}{\text{days}}} - 1$$

$$= \left(1 + \left(0.046 \times \frac{45}{360}\right)\right)^{\frac{365}{45}} - 1 = 0.0476 = 4.76\%$$

22. Stripping 만기 1년까지의 단리 금리를 복리 방식으로 합성하기

$$= \{\left(1 + \left(\text{1회차 금리} \times \frac{\text{1회차 기간의 날짜 수}}{\text{year}}\right)\right)$$

$$\times \left(1 + \left(\text{2회차 금리} \times \frac{\text{2회차 기간의 날짜 수}}{\text{year}}\right)\right)$$

$$\times \left(1 + \left(\text{마지막회차 금리} \times \frac{\text{마지막회차 기간의 날짜 수}}{\text{year}}\right)\right) - 1\}$$

$$\times \frac{\text{year}}{\text{총 날짜 수}}$$

$$= \left\{\left(1 + \left(0.051 \times \frac{183}{360}\right)\right) \times \left(1 + \left(0.053 \times \frac{92}{360}\right)\right) - 1\right\} \times \frac{360}{275}$$

$$= 0.05213 = 5.213\%$$

참고문헌

[단행본]

Allan, M.(1991), *The Times Guide to International Finance*, Times Books.

Bank for International Settlements(2013), *Central Bank Survey of Foreign Exchange and Derivatives Market Activity in 2013*, available on the BIS website(www.bis.org).

Clarke, William M. (1991), *How the City of London Works: An Introduction to Its Financial Markets*, Waterloo Publishers.

Coggan P. (1992), *The Money Machine: How the City Works*, Penguin.

Finance Trainer International, *Financial Mathematics Money Market* (http://www.financetrainer.com/fileadmin/inhalte/TOOLS_SKRIPTEN/0201_mmfme.pdf).

Reuters Limited (1999), *An Introduction to Foreign Exchange and Money Markets: The Reuters Financial Training Series*, John Wiley & Sons, Inc.

Steiner, B. (2002), *Foreign Exchange and Money Markets: Theory, Practice and Risk Management*, Butterworth-Heinemann.

Walmsley, J. (1996), *International Money and Foreign Exchange Market: An Introduction*, John Wiley & Sons, Inc.

제2부

외환상품
(Foreign Exchange Instruments)

아래 그림은 외환시장의 상품을 넓은 범주로 분류한 것이다. 외환상품은 크게 외환 및 외환파생상품으로 구분할 수 있다. 외환거래로는 현물환, 선물환 및 외환스왑이 대표적이다.[1] 한편 외환파생상품으로는 통화선도약정(SAFE), 통화선물, 통화스왑 및 통화옵션을 들 수 있다.

외환거래 중 선물환 거래와 외환스왑 거래는 모두 장래의 날짜에 통화를 교환하기 때문에 선물환시장을 형성한다. 1995년까지 현물환 거래가 일일 평균 외환거래의 43%를 차지했지만 1998년경에는 선물환 및 외환스왑 거래가 더 중요해져서 그 비중이 60%를 상회하였다. 대부분의 외환거래는 USD 거래이지만 USD가 개입되지 않는 두 통화 사이의 교차환율(cross rate) 거래도 이루어진다.

형태	내 용
현물환 (Spot)	거래일 후 2영업일째(spot date) 결제가 이루어지는 외환거래
선물환 (Forward outright)	거래일 후 2영업일이 지난 미래의 특정일에 합의된 환율로 결제가 이루어지는 외환거래
외환스왑 (FX Swap)	짝을 이루는 두 통화거래의 결합으로, 결제일이 서로 다른 것을 하나는 매입(매도)하고 다른 하나는 매도(매입)하는 외환거래

1) Anthony (2003), *Foreign Exchange in Practice: The New Environment.* New York: Palgrave Macmillan과 Reuters Limited (1999), *An Introduction to Foreign Exchange and Money Markets: The Reuters Financial Training Series*, John Wiley & Sons등이 외환시장에 대한 대표적 해설서임.

제3장 현물환 거래(Spot Transactions)

현물환거래 또는 스팟거래(Spot Transaction)는 거래 당사자가 거래 통화를 거래 후 2 영업일(spot date)에 합의된 환율로 교환하는 거래를 말한다.
현물환 거래는:

- 양도 불가능한 장외거래이다.
- 오늘 합의한 환율(spot rate) 로 2영업일(spot date)에 결제한다.

현물환의 스팟(spot)이라는 말은 즉석에서(on the spot)라는 말에서 기원하였지만 결제는 거래 후 2영업일에 이루어진다. 기술이 진보하여 거의 동시에 의사전달을 할 수 있는 시스템이 갖추어졌지만 spot거래는 여전히 거래일로부터 2영업일에 결제된다. 이는 양측 은행이 결제 세부사항을 준비하고 시차를 허용하면서 결제할 수 있는 가장 빠른 기간이기 때문이다. 이 현물환 거래의 결제일(value date)을 현물환 결제일(spot date)이라고 한다.

아래 표처럼 월요일에 이루어진 거래의 결제일은 수요일이 된다. 만약 결제일이 거래당사자 일방이나 쌍방의 국가에서 휴일인 경우 결제일은 하루 뒤로 밀려난다(위의 경우 목요일로).

월요일	화요일(1st)	수요일(2nd)	목요일	금요일

1. USD 거래(Currency versus USD)

외환거래(FX Transaction)에서는 주로 시장조성은행(market-maker)이 통화를 사고 파는 양방향 가격(two way bid-offer)을 고시한다. 따라서 시장조성은행은 시장주도은행 또는 가격고시은행이라고도 한다. 이 가격들은 기준통화(base currency: 주로 USD)를 사고 파는 가격을 다른 통화로 표시한 것인데 기준통화에 대해가격이 고시된 다른 통화를 상대통화(counter currency)라고 한다.

현물환율의 고시는 매입환율(bid)과 매도환율(offer or ask)로 표시되며 이것은 시장조성자인 환율고시은행이 기준통화를 상대통화로 매입하고 매도하는 환율이다.

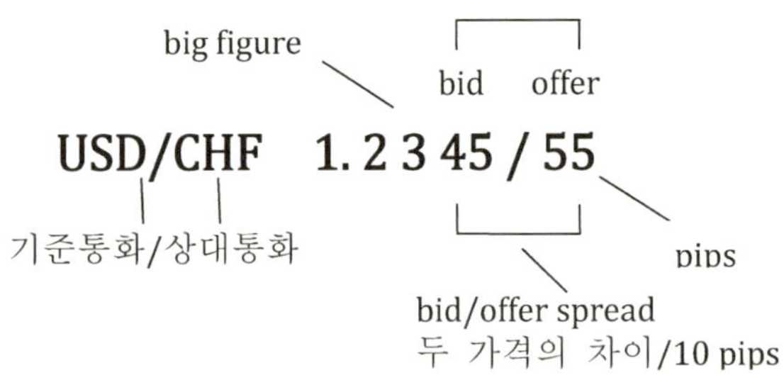

시장조성은행인 market-maker는 왼쪽에 제시된 가격으로 기준통화를 매입하며(bid to buy) 오른쪽에 제시된 가격으로 기준통화를 매도한다(offer to sell). 앞의 예시에서 가격고시은행은 달러를, 달러당 1.2345 스위스프랑에 사고 달러당 1.2355 스위스프랑에 팔 수 있다. 두 가격 차이, 즉 스프레드(bid-offer spread)는 market-maker 마음대로이며, 그들이 어느 정도의 이윤을 책정하느냐에 달려있다.

반면 고객은행인 market-taker는 왼쪽에 고시된 가격으로 기준통화인 달러를 판다(즉, 스위스프랑을 산다). 그리고 오른쪽에 고시된 가격으로 기준통화인 달러를 산다(즉, 스위스프랑을 판다). 현물환 딜러들은 USD/CHF나 GBP/USD와 같은 특정 통화쌍의 거래를 전문적으로 한다.

1.1 외환거래 용어

현물환(spot)시장에서 사용되는 용어를 정리하면 다음과 같다.[2)]

Big Figure

가격 중 이 부분은 딜러들에 의해 제시되지 않는다. big figure는 거래를 확실히 할 필요가 있을 때 또는 극도로 급변하는 시장에서만 언급된다. USD/CHF = 1.2345/55에서 big figure는 3이다. 물론 딜러들은 big figure를 23이라고 할 수도 있고 1.23이라고 할 수도 있다.

Pips

가격이 움직이는 최소 변화단위를 말한다. spot 딜러들은 가장 뒷 자리 두 개를 말한다. pips는 points라고도 알려져 있다.

Spread

이것은 매입가격(bid)과 매도가격(offer) 사이의 차이를 말한다. 위의 예에서 스프레드는 10 pips이다. 소수점 4자리로 고시된 1백만 달러 기준 통화의 1 pip은 상대통화 손익에 100만큼 영향을 준다. 예를 들어, USD/CHF=1.2345/55에서 10 pips가 CHF 1,000이므로 1 pip은 CHF 100 이다.

$$\text{USD } 1{,}000{,}000 \times 1.2345 = \text{CHF } 1{,}234{,}500$$
$$\text{USD } 1{,}000{,}000 \times 1.2355 = \text{CHF } 1{,}235{,}500$$

소수점 2자리로 고시된 1백만 달러 기준 통화의 1 pip은 상대통화 손익에 10,000만큼 영향을 준다. 예를 들어, USD/JPY 107.10 과 107.11 에서 그 차이

---

2) 외환금융시장의 발전에 따라 새로운 용어가 등장하고 사용되는데 이들은 Bannock & Manser(2003), *The Penguin International Dictionary of Finance*, Penguin Books. Ltd. 등에 잘 정리되어 있음.

는 JPY 10,000이다. Spread는 또한 시장의 유동성에 따라 변하기도 한다.

$$USD\ 1{,}000{,}000 \times 107.10 = JPY\ 107{,}100{,}000$$
$$USD\ 1{,}000{,}000 \times 107.11 = JPY\ 107{,}110{,}000$$

Bid

시장조성은행 market-maker가 기준통화를 매입하고자 하는 가격을 말한다. USD/CHF = 1.2345/55에서 market-maker는 USD 1을 CHF1.2345에 살 것이다. 즉 market-maker는 달러를 사고 엔을 판다.

Offer

시장조성은행 market-maker가 기준통화를 팔고자 하는 가격을 말한다. 앞의 예에서 market-maker는 USD 1을 CHF 1.2355에 팔 것이다. 즉market-maker는 달러를 팔고 엔을 산다.

The Figure

딜러가 끝이 00으로 끝나는 가격을 고시할 때 사용하는 용어이다. 예를 들어 USD/CHF = 1.1095/1.1100일 때 이것은 ninety five-the figure라고 고시할 수 있다. 만약 USD/CHF = 1.1100/05일 때 이것은 figure-five 라고 고시할 수 있다. 마찬가지로 USD/JPY = 107.00/10이라고 할 때 이것은 figure-ten 이라고 고시할 수 있다.

한가지 기억해야 할 점은 USD/CHF이 1.1100일 때 이것을 절대 1.11과 같이 끝을 잘라버리면 안 된다는 것이다. 이것은 다른 통화도 마찬가지이다.

Choice

딜러가 같은 환율로 기준통화를 사거나 팔려고 할 때 사용하는 용어이다. 예를 들어 딜러가 USD/CHF=1.1105로 사거나 팔 의사가 있는 경우 5 Choice로 고시된다.

Yours & Mine/Given & Paid

가격(환율)을 USD/CHF = 1.2345/55로 고시한 경우 시장조성자(market-maker)는 USD를 CHF 1.2345로 매입할 것이다. 만약 시장추종자(market-taker)가 이 bid price를 괜찮다고 보고 USD를 판다면, 그는 달러 당 CHF 1.2345를 받게 될 것이다. 이러한 의향을 표시하기 위해 시장추종자는 yours라는 용어를 사용할 수 있다. 이것은 시장추종자 입장에서 hitting the bid를 의미한다. 거래가 성사되면 시장조성자는 given at 45라고 말하면서 거래 행위를 보고할 것이다. 이러한 전문용어는 추세를 나타내는데, 만약 given이라는 용어가 여러 번 들리면 이것은 파는 행위가 많다는 것을 말한다.

만약 시장추종자가 고시된 offer price에 USD를 살 의향이 있다면 그는 mine이라는 용어를 사용하게 될 것이고 달러 당 CHF 1.2355을 지불하게 될 것이다. mine이라는 말은 시장추종자 입장에서 taking the offer를 말한다. 딜러들은 이것을 lifting the offer라고도 말한다. 일단 거래가 성사되면 시장조성자는 55 paid라고 말하며 거래행위를 보고할 것이다. 이 용어 역시 추세를 나타내는데 만약 paid가 여러 번 들리면 이는 사는 행위가 많음을 의미한다.

결론적으로 Yours/Mine은 거래 성사를, Given/Paid는 보고 행위를 말한다.

Long

이것은 통화를 산 상태를 말한다. 예를 들어, 만약 USD를 사고 CHF을 팔면, long USD, short CHF이 된다. long USD(short CHF)인 딜러의 경우 USD에 대해 bullish라고 하는데 이는 USD의 가치가 상승할 것이라고 믿는 사람이다.

Short

이것은 미래에 가격이 싸지면 다시 산다는 목적으로 통화를 파는 것을 말한다. USD를 팔고 CHF을 사면 short USD, long CHF이 된다. short USD(long CHF)인 딜러는 USD에 대해 bearish라고 하는데 이는 USD의 가치가 하락할 것이라고 믿는 사람이다.

Flat or Square

position이 없는 경우(long이나 short상태가 아닌 경우)를 말한다.

Liquidity

시장의 깊이와 갑작스런 수급변화를 흡수할 수 있는 능력을 말한다. 예로서 유동성이 적은 시장은 사는 사람과 파는 사람이 거의 없고, 상대적으로 작은 수의 딜러가 시장가격을 크게 변동시킬 때 발생한다.

Under Reference

가격고시은행이 가격을 고시하면서 under reference라고 하면 상대방은 거래하기 전에 다시 한번 가격을 재확인해야 한다. 고객이 my risk라고 하면서 가격을 문의하는 경우 최종적으로 그 가격을 받아들이기 전에 가격이 변할 수 있음을 인정하는 것이다. 이때 딜러가 Off라고 말하면 가장 마지막에 고시한 가격이 더 이상 유효하지 않다는 것을 의미한다.

일부 통화 쌍은 자신의 고유한 용어를 가지는데, GBP/USD는 Cable이라고 알려져 있다. 이 용어는 뉴욕과 런던의 딜러들이 대서양의 해저로 연결된 단일 케이블을 이용하여 처음 GBP/USD를 거래한 데서 유래하였다. 또 USD/CHF는 Dollar-Swissy로 알려져 있다.

1.2 시장에서의 Spot 거래

시장에서 일어나는 대부분의 거래는 복잡한 계산을 필요로 하지 않는다. 단지 곱하기와 나누기 정도만 필요로 할 뿐이다. 그렇지만, 당신이 bid 쪽인지 offer 쪽인지는 확실히 알아야 한다.[3)]

---

3) 시장 거래를 위해서 도움이 되는 인터넷 사이트가 다수 있는데 예를 들면 Bloomberg Currency Rates, CBS MarketWatch, CNN Money World Markets 등이다. 자세한 인터넷 사이트는 참고문헌 참조.

사례 1

USD/CHF 1.1123/1.1133

고시가격이 screen과 같을 때, USD 1,000,000을 팔고 얼마만큼의 CHF을 받을 수 있겠는가?

당신은 USD를 팔려고(CHF을 사려고) 하므로 market-maker가 USD를 사겠다고 고시한 가격에 팔 수 있다. 따라서 가격은 bid 가격인 1.1123 이 된다. 이 환율에 따라 당신은 1,000,000 × 1.1123 = CHF 1,112,300을 받게 된다.

사례 2

USD/ CHF 1.1123/1.1133

고시가격이screen과 같을 때, CHF 1,000,000을 팔고 얼마만큼의 USD를 받을 수 있겠는가?

당신은 USD를 사려고(CHF을 팔려고) 하므로 market-maker가 USD를 팔겠다고 고시한 가격에 살 수 있다. 따라서 가격은 ask/offer 가격인 1.1133이 된다. 이 환율에 따라 당신은 1,000,000 ÷ 1.1133 = USD 898,230.49를 받게 된다.

사례 3

GBP/USD 1.6210/1.6215

고시가격이 screen과 같을 때, USD 1,000,000을 팔고 얼마만큼의 GBP를 받을 수 있겠는가?

이번에는 환율이 간접 표시방법으로(indirect) 고시되어 있고, 기준통화가 GBP이다. 당신은 GBP를 사려고(USD를 팔고) 하므로 market-maker가 GBP를 팔겠다고 고시한 가격에 살 수 있다. 따라서 ask/offer 가격인 1.6215 가 된다. 이 환율에 따라 당신은 1,000,000 ÷ 1,6215 = GBP 616,712.9를 받는다.

1.3 순 포지션(Net Position)과 평균환율

은행이 외환거래를 하는 목적은 이윤을 창출하는 것이다. 따라서 가격고시은행은 기준통화를 가장 낮은 가격에 매입하고 가장 높은 가격으로 매도하여 이를 달성한다. 시장 참여자가 외화에 대해 open position을 가진 경우, 이것은 헤지되지 않은 포지션을 가지고 있다는 뜻인데, 그들이 행한 여러 거래를 통해 축적된 전체 포지션을 계산해볼 필요가 있다.

매일 몇 건만의 현물환 거래를 한 경우 손익 포지션의 산출은 쉽게 계산할 수 있다. 그러나, 바쁜 외환 일선 데스크(FX desk)의 상황은 다르다. 이런 경우 딜러의 포지션이 이익인지 알기 위해서는 포지션에 대한 평균환율(average rate)를 계산하여 현재의 시장 환율과 비교하여야 한다.

딜러들은 이러한 수익 계산을 하루에도 몇 번씩 할 것이다. 딜링 매니저들은 매일 일과 종료 후 그들의 포지션이 spuare되었는지 여부에 대해 알 필요가 있다. 이것은 손익 여부를 결정짓기 위해 딜러들이 실제로 포지션을 square 시켜야 한다는 의미는 아니다. 단지 순 포지션은 시장 환율에 의해 매일 정산된다는 의미이다.

딜러들의 open position 최대 상한선은 리스크 매니저에 의해 통제된다. 이 상한선은 은행의 위험에 대한 취향, 딜러들의 수익률 실적, 위험대비 실적 등에 의해 정해진다. 분명히 적은 위험으로 많은 수익을 남기는 딜러가 큰 위험으로 적은 수익을 남기는 딜러 보다는 상한선이 높을 것이다. 상한선을 정하는데 포함되는 분석과 결정의 과정은 매우 복잡하고, 새로운 위험관리 기법의 개발과 함께 계속 발전되고 있다.

사례 4

당신이 USD/CHF 딜러라고 가정하자. 바쁜 거래기간 후 당신은 당신의 포지션에 대해 알아야 한다. USD에 대해 long인지 short인지, 또한 포지션이 발생한 평균 환율은 얼마인지 등을 알 필요가 있다. 당신은 어떻게 평균 환율을 계산할 것인가?

오늘의 거래내역은 다음과 같다.

매도 USD 4,000,000 (환율 1.1506)
매입 USD 1,000,000 (환율 1.1515)
매입 USD 5,000,000 (환율 1.1510)

당신의 순 포지션과 평균환율은 다음과 같이 구한다.

	USD	환율	CHF
	−4,000,000	(1.1506)	+ 4,602,400
	+ 1,000,000	(1.1515)	−1,151,500
	+ 5,000,000	(1.1510)	−5,755,000
순 포지션	+2,000,000		−2,304,100

$$평균환율 = \frac{2,304,100}{2,000,000} = 1.15205$$

- 결과적으로 당신의 포지션은 'long 2 USD at 1.15205'이다. 시장환율이 현재 1.1510/20이라면 position을 square로 만들기 위해서는 당신은 USD 2,000,000를 1.1510에 팔아야 할 것이다. 그러므로 당신의 첫날부터의 손실은 CHF 2,100이다.

$$\begin{aligned} 손익 &= 2,000,000 \times (1.1510 - 1.15205) \\ &= 2,000,000 \times (-0.00105) \\ &= -\ \text{CHF}\ 2,100 \end{aligned}$$

순 손실은 오늘 날짜로 확정되고 실제 현금 거래는 결제일에 이루어 지는데 그 때 당방계정(nostro account)에서 CHF 2,100만큼이 줄어들 것이다. 만약 손익이 USD로 표시하려면 현재의 spot rate, 위의 예에서는 1.1510으로 나누어 주어야 한다.

1.4 시장 조성(Market-making): 스프레드 이용하기

스프레드는 딜러들이 포지션을 관리하고 시장상황에 따른 고시가격을 조정하는데 사용하는 수단이다. 여기서 시장상황은 유동성(얼마나 쉽게 매입자와 매도자를 찾을 수 있는가)과 변동성(시장이 움직이는 크기와 속도)을 말한다. 스프레드가 클수록 가격은 더 방어적이며, 조정의 여지가 더욱 크다. market-maker의 스프레드는 원하지 않는 포지션을 되돌리는데 드는 비용을 산정하여 포함한 것이다.

사례 5

당신의 순 포지션이 long USD인 상태에서 다른 은행이 가격고시를 요구해 왔다고 하자. 현재 환율은 USD/CHF = 1.1210/15이다. 당신의 포지션을 청산하려면 그 은행이 USD를 사도록 해야한다.

상대방이 take your offer를 (hit your bid가 아니라) 하도록 하려면 offer가격은 매력적으로, bid가격은 그렇지 않도록 가격을 고시해야 할 것이다. 따라서 예를 들어 1.1208/13으로 하여 상대가 1.1213에 USD를 사도록 부추기는 것이다.

2. 크로스 환율 거래(Cross Rate Transaction)

> 크로스환율(cross rate)은 어느 쪽에도 USD가 포함되지 않은 두 통화간 환율이다. 이처럼 USD가 포함되지 않은 두 통화간 거래를 크로스 거래라고 한다.

크로스 환율은 USD 환율로부터 계산할 수 있고 어디서나 쉽게 구할 수 있기는 하지만 어떻게 계산하는지를 아는 것도 유용한 일이다. 당신이 스위스에서 캐나다로 가는 중에 있다고 가정해 보자. 그러면 CHF을 CAD로 바꿀 필요가 있을 것이다. 그러면 당신은 CAD/CHF의 환율이 필요하다. 이론에 따라 당신은 두 가지를 할 필요가 있다.

1. CHF로 market-maker의 USD offer 가격에 USD를 산다.
2. USD로 market-maker의 USD bid 가격에 USD를 팔고 CAD를 산다.

결과는 아래와 같다.

	You buy		You sell
1.	~~USD~~		CHF
2.	CAD		~~USD~~
=	CAD	/	CHF

크로스 환율은 currency pair에 대해 통상의 SWIFT codes를 사용하여 표시한다. 여기서는 CAD/CHF로 표시한다.

직접 표시환율과 달러 크로스 환율

당신은 CAD/CHF 환율을 고시하는 딜러이다. 고객이 CAD를 팔고 CHF을 사기를 원한다. 이 경우 고객은 당신의 CAD/CHF 환율을 'hit the bid' 하게 될 것이다. 왜냐하면 고객은 기준통화 CAD를 팔고 당신은 사기 때문이다.

하지만 당신은 당신이 고시한 크로스 환율을 어떻게 계산하였는가? 직접 표시환율(direct rates)로 currency pair에 대한 cross rate는 아래의 차트를 이용하여 계산할 수 있다.

Currency pairs	Bid	Ask
USD/Currency 1 USD/Currency 2	Bid1 ◄ Bid2 ◄	► Ask1 ► Ask2
Cross rates	**Bid**	**Ask**
Currency 1/Currency 2	$\frac{\text{Bid2}}{\text{Ask1}}$	$\frac{\text{Ask2}}{\text{Bid1}}$

Spot rate를 아래와 같다고 가정하면

USD/CAD = 1.3000/10
USD/CHF = 1.1100/10

상기의 규칙에 따라 Currency 1 = CAD, Currency 2 = CHF라고 하면 CAD/CHF의 **bid** rate는

$$\frac{\text{Bid2}}{\text{Ask1}} = \frac{1.1100}{1.3010} = 0.8531$$

CAD/CHF의 **ask** rate는

$$\frac{\text{Ask2}}{\text{Bid1}} = \frac{1.1110}{1.3000} = 0.8546$$

따라서, CAD/CHF에 대한 two-way cross rate는 0.8531/0.8546이 된다.

간접 표시환율과 달러 크로스 환율

지금까지의 크로스 환율은 모두 USD에 대한 직접 표시환율을 필요로 하였다. 만약 두 통화 중 하나가 USD에 대해 간접 표시환율로 고시된 경우 bid rate와 offer rate를 서로 곱해주면 크로스환율을 구할 수 있다.

Currency pairs	Bid	Ask
Currency 1/ USD USD/Currency 2	Bid1 Bid2	Ask1 Ask2
Cross rates	**Bid**	**Ask**
Currency 1/Currency 2	Bid1 × Bid2	Ask1 × Ask2

<u>크로스 환율 쉽게 구하기</u>

- Spot rate를 아래와 같다고 가정하면

  USD/CAD = 1.3000/1.3010 ⇒ USD/CAD 환율을 x로 가정하고
  USD/CHF = 1.1100/1.1110 ⇒ USD/CHF 환율을 y로 가정하면

- 1 USD = x CAD이고 1 USD = y CHF

  Arbitrage에 의해 1 USD = x CAD = y CHF

  따라서 1CAD = $\frac{y}{x}$CHF이고

  CAD/CHF의 bid는 low로서 $\frac{\text{y중 작은 수}}{\text{x중 큰 수}} = \frac{1.1100}{1.3010} = 0.8531$

  CAD/CHF의 offer는 high로서 $\frac{\text{y중 큰 수}}{\text{x중 작은 수}} = \frac{1.1110}{1.3000} = 0.8546$

제4장 선물환(Forward Outrights) 거래

선물환 거래(Forward Outright Transactions)는 두 당사자간에 현재 합의된 환율로 미래의 합의된 날짜에 거래통화를 인수도 하기로 합의한 거래이다. 결제일이 미리 확정되므로 확정일 선물환거래라고도 한다.
선물환 거래는:

- 양도 불가능한 장외거래이다.
- 오늘 합의한 환율(forward rate)로 장래(forward date)에 결제한다.
- 현물환 결제일(spot date)에는 자금결제가 없다.
- 가격은 forward points로 고시한다.
- 선물환율은 현물환율에서 forward points를 가감하여 결정한다.

선물환 거래는 환리스크를 헤지하기 위해 통상 은행간 또는 은행과 기업간에 이루어지며 결제일이 되기 까지는 자금이 결제되지 않는다. 선물환 가격은 1개월, 2개월, 3개월, 6개월, 12개월 만기에 대해 선물환 포인트(forward points)로 고시된다. 만약 고객이 이와 다른 만기를 원하면 은행은 어떠한 만기라도 그에 맞추어 고시하는데 이것은 broken date환율이라고 부른다.

현물환거래와 선물환거래의 차이점은 무엇일까? 아래의 예를 살펴보자.

사례 1

오늘은 3월 14이다. 한 국내 기업이 미국산 기계 수입대금 지급을 위해 3개월 후 필요한 USD를 사려고 한다. 이 고객은 어떻게 해야 할까?

- 시나리오 1: 기다리면서 USD가 계속 같은 상태로 있거나 가격이 떨어지기를 기대한다. 이 경우 USD가치가 상승하면 비용이 증가한다.
- 시나리오 2: USD spot을 오늘 매입하고 3개월 동안 금융시장에 예금해 둔다. 이 경우 USD의 이자수입과 KRW의 금리비용이 발생한다.
- 시나리오 3: 3개월 후 인도되는 USD 선물환을 오늘 매입한다. 이 경우 초기에 자금부담이 없다.

아래의 예시는 3월 14일에 3개월물 선물환거래가 이루어지는 과정을 보여준다. spot date는 3월 16일이고 결제는 spot date로부터 3개월 후인 6월 16일이다. 결제일인 6월 16일에 USD/KRW의 현물환율이 얼마이든 관계없이 통화는 처음에 합의된 선물환율로 교환이 이루어진다. 거래는 타인에게 양도될 수도 없다.

3개월 선물환 USD 매입

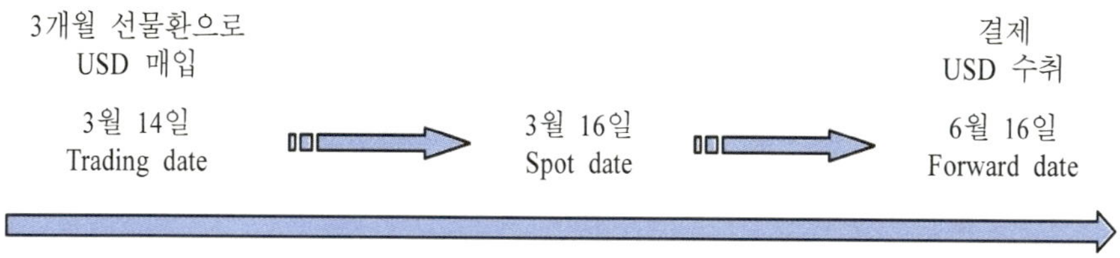

1. 선물환율과 선물환 포인트(Forward Points)

선물환포인트(forward points)는 현물환율 고시로부터 선물환율을 구하기 위해 사용되며 swap points 또는 swap rate라고도 한다. 이러한 forward points는 거래에 포함된 두 통화의 금리차를 환율단위로 나타낸 것이다. forward points는 실제 선물환율을 구하기 위하여 현물환율에 더하거나 뺀다.

3개월 USD/CHF의 선물환율을 결정과정을 고려해보자. 금융시장에서 USD의 예금금리는 5.0%이고, CHF의 예금금리는 3.0%이다. 계산상의 편의를 위해 현물환율의 중간율을 1.2350이라고 하자. 3개월 forward points는 다음과 같이 결정된다.

원금 USD 1,000를 가정하고 3개월간 예금하면 3개월 후 원리금은:

1. USD로 예금하면 1,000 × (1 + 0.05 × (90/360)) = USD 1,012.50
2. CHF로 예금하면 1,235 × (1 + 0.03 × (90/360)) = CHF 1,244.26

   만약 현물환율이 선물환율과 같으면 CHF 원리금은 USD로 1,244.26/1.2350 = USD 1,007.50이 된다.

   이것은 USD로 예금한 원리금 USD 1,012.50에 비해 USD 5.00를 손해보는 것이다. 이러한 손해와 잠재적인 arbitrage를 방지하기 위하여 선물환율은 CHF을 USD로 되살 때의 원리금과 USD의 원리금이 동일하도록 고정된다.
3. 즉 선물환 환율은 CHF원리금을 USD원리금으로 나누면 되며 1,244.26/1,012.50 = 1.2289이다.

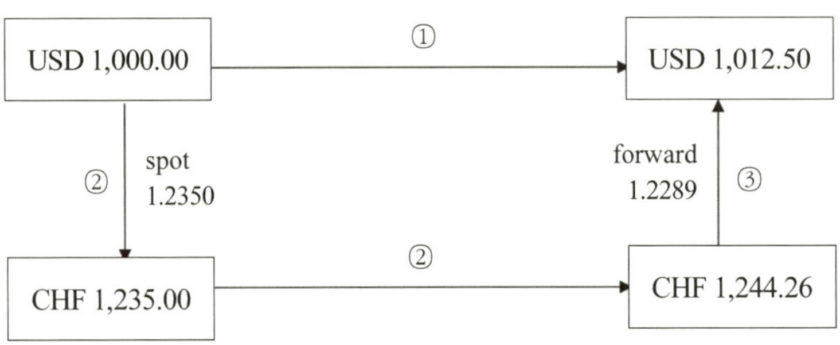

이 1.2289의 환율을 무차익 선물환율(arbitrage-free forward rate)이라고 한다. 선물환율과 현물환율과의 차이는 1.2289 - 1.2350 = -0.0061 이다. 이 경우 기준통화인 USD 금리가 상대통화 금리보다 높기 때문에 forward points는 음수값이 되고 이를 현물환율에서 빼주어야 선물환율이 된다. 이를 공식화하면 다음과 같다.

선물환율과 forward points의 결정

- USD 1을 T일간 금리 i*로 예금하면 원리금은 USD로

$$1 + i^* \times \left(\frac{T}{360}\right)$$

- USD 1을 현물환율 S로 CHF로 바꾸어 T일간 금리 i로 예금하면 원리금은 CHF로

$$S(1 + i \times \left(\frac{T}{360}\right))$$

- T일 후 손익과 잠재적인 arbitrage를 방지하기 위해 선물환율(F)은 CHF원리금을 USD로 되살 때 USD원리금과 동일하게 정해져야 한다. 이를 무위험 금리평형조건(covered interest parity)라고도 한다.

$$1 + i^* \times \left(\frac{T}{360}\right) = \frac{S}{F}(1 + i \times \left(\frac{T}{360}\right))$$

$$\text{무차익 선물환율 } F = S \times \frac{1 + i \times (\frac{T}{360})}{1 + i^* \times (\frac{T}{360})}$$

- 따라서 forward points = 선물환율(F) - 현물환율(S)이므로

$$\text{Forward points} = F - S = \frac{(i - i^*) \times S \times (\frac{T}{360})}{1 + i^* \times (\frac{T}{360})}$$

i = 상대 통화 이자율
i* = 기준 통화 이자율
S = 현물 환율
F = 선물 환율
T = 선물계약기간(일수)

- 기준통화 USD의 금리 i*가 고(저)금리이면 forward points는 음(양)수가 되고 USD는 discount(premium)하여 선물환율을 결정한다. 기준통화가 고금리이면 discount 통화이고forward points는 왼쪽(bid)이 오른쪽(offer)보다 크다.

사례 2

USD/CHF의 환율과 금리가 다음과 같을 때 6개월 선물환율을 구하면 다음과 같다. 단 6개월이 183이라고 하자.

USD/CHF spot	1.1123	1.1133
USD 금리	5.10%	5.20%
CHF 금리	4.30%	4.40%

- 가격고시은행의 USD 6개월 선물환 매입 환율은 현물환 매입률(1.1123), USD offer rate(5.20%), CHF bid rate(4.30%)를 이용(Buy Low).

$$\text{Bid Rate} = 1.1123 \times \frac{1 + 0.0430 \times (\frac{183}{360})}{1 + 0.0520 \times (\frac{183}{360})} = 1.1073$$

- 가격고시은행의 USD 6개월 선물환 매도 환율은 현물환 매도율(1.1133), USD bid rate(5.10%), CHF offer rate(4.40%)를 이용(Sell High).

$$\text{Offer Rate} = 1.1133 \times \frac{1 + 0.0440 \times (\frac{183}{360})}{1 + 0.0510 \times (\frac{183}{360})} = 1.1095$$

- 한편 forward points를 공식에 따라 구하면 다음과 같고 이는 위에서 구한 선물환율-현물환율과도 일치한다.

$$\text{Bid} = \frac{(0.0430 - 0.0520) \times 1.1123 \times \left(\frac{183}{360}\right)}{1 + 0.0520 \times \left(\frac{183}{360}\right)} = \mathbf{-0.0050}$$

$$\text{Offer} = \frac{(0.0440 - 0.0510) \times 1.1133 \times \left(\frac{183}{360}\right)}{1 + 0.0510 \times \left(\frac{183}{360}\right)} = \mathbf{-0.0038}$$

- USD가 고금리통화이므로 forward points는 discount로 나타나고 그 절대값은 bid쪽이 offer쪽보다 큰 것을 확인할 수 있다. 따라서 bid쪽이 offer쪽보다 큰 경우 forward points를 빼줌으로써 선물환율을 구한다.

USD/CHF spot:	1.1123	1.1133
6 months	−50	−38
6 months outright	1.1073	1.1095

이처럼 기준통화 금리가 상대통화 금리보다 높으면 forward points를 빼주고, 선물환시장에서 "기준통화가 discount로 거래되었다"고 말한다. 만약 기준통화의 금리가 상대통화보다 낮으면 forward points를 더해주고, "기준통화는 premium으로 거래되었다"고 한다. forward points는 음수이면 discount, 양수이면 premium 이라고 하며 부호가 없는 경우에는 다음과 같이 forward points를 가감하여 선물환율을 결정한다. bid쪽의 points가 더 크면 현물환율에서 이들을 빼주고, bid쪽의 points가 더 작으면 현물환율에 이들을 더하여 선물환율을 결정한다.

Forward Points	기준통화	기준통화 금리	Forward rates
Bid > Offer	Discount	고금리 통화	Spot − forward points
Bid < Offer	Premium	저금리 통화	Spot + forward points

2. Around Par

때때로 forward points가 discount와 premium으로 함께 two-way price 안에 있는 경우를 볼 수 있다. 이러한 경우는 이자율의 차이가 매우 작을 때 일어난다. 예를 들어 −1.0 / +1.0을 screen 상에서 볼 수 있다. 이러한 경우 딜러는 'one around par' − par being zero라고 말한다. 만약 −3 / +3 인 경우는 'three around par'라고 표현할 수 있다. 즉 왼쪽은 forward points를 빼주고 오른쪽은 forward points를 더해주어 선물환율을 구한다.

사례 3

만약 USD/CHF의 3개월 forward points가 6/4 around par(A/P)라면 선물환율은 다음과 같이 결정된다.

USD/CHF spot	1.1123/33
3 months	−6/+4
6 months outright	1.1117/37

3. 시장에서의 선물환 거래

이제 forward points가 어떻게 고시되는지 보았으므로 우리는 선물환율을 제대로 결정하기 위해 points를 정확히 읽을 수 있어야 한다. 선물환율을 올바로 계산할 수 있도록 points를 쉽게 읽을 수 있는 몇 가지 방법이 있다.[1]

사례 4

소수점 4자리 환율

USD/CHF의 현물환율이1.1180/90이고, 3개월 forward points가 59/58일 때, 58 points에 거래를 했다. 거래전표(deal ticket) 상에 나타나는 선물환율은?

	Spot	3 mths
USD/CHF	1.1180/90	59/58

1. forward points의 points는 소수점 넷째 자리이므로

USD/CHF	spot	1.1180	1.1190
	3 mths	0.0059	0.0058

2. bid 쪽>offer 쪽이므로 빼준다 = 1.1121 1.1132

3. 거래전표(deal ticket)에는 다음과 같이 나타날 것이다.

Spot	1.1190
Fwd	1.1132

---

1) Reuters Limited (1999) 참조.

사례 5

소수점 2자리 환율

USD/JPY의 현물환율이 110.50/05이고, 3개월 forward points가 101/113일 때, 113 points에 거래를 했다. 거래전표(deal ticket) 상에 나타나는 선물 환율은?

	Spot	3 mths
USD/JPY	110.50/05	101/113

1. forward points의 points는 소수점 둘째 자리이므로

USD/JPY	spot	110.50	111.05
	3 mths	1.01	1.13

2. bid 쪽<offer 쪽이므로 더해줌 = 111.51 112.18

3. 거래전표(deal ticket)에는 다음과 같이 나타날 것이다.

Spot	111.05
Fwd	112.18

4. 차액결제선물환(Non-deliverable Forward) 거래

차액결제선물환(Non-deliverable Forward: NDF)은 개념상 선물환거래로서 선물환거래를 하고 결제일에 약정환율과 현물환율(만기 2영업일 전)의 차액만 기준통화로 결제한다. 이 거래는 선물환거래를 하고 결제일에 반대방향 현물환거래를 하는 것과 같은 거래이다.

다음 사례는 시장에서 시장참여자들이 NDF를 거래하는 방식을 보여준다. NDF계약은 결제위험(settlement risk)이 작을 뿐 아니라 역외시장에서도 거래가 용이하여 환위험 헤지는 물론 환차익을 겨냥한 투기수단으로도 이용된다. 만기에 두 통화가 상호 결제되는 일반 선물환거래에 비해 NDF거래는 차액만

이 결제되므로 결제에 따른 위험부담이 작다. NDF계약에 따른 결제를 USD로 할 경우 자국통화가 필요 없어 역외에서도 계약이 자유로우며 세금 등 각종 규제를 회피하는 일이 가능하다.

사례 6

NDF(Non-Deliverable Forward)는 만기에 계약원금의 교환 없이 계약선물환율과 만기시의 현물환율간의 차이만을 정산하는 선물환계약이다. 이 경우 원화 대신 달러로만 결제한다.

- A은행이 1 달러당 1,030원의 계약선물환율로 6개월후에 B기업으로부터 USD 1,000,000를 매입하는 NDF계약을 맺을 경우

  ① 만기시의 현물환율이 1,040원이면 A은행은 B기업으로부터 (1040−1030)×1,000,000/1,040 = USD 9,615.4를 만기일에 수령

  ② 만기시의 현물환율이 1,020원이면 A은행은 B기업에게 (1,020−1,030)×1,000,000/1,020 = USD 9,803.9를 지급

- 이는 A은행이 1 달러당 1,030원에 100만달러를 매입했다가 다시 1,040(또는 1,020)에 매도하는 것처럼 결제가 이루어지고 원금의 교환은 발생하지 않는다.

  ①의 경우 buy USD 1,000,000 (sell KRW 1,030,000,000)
  sell USD 1,000,000 (buy KRW 1,040,000,000)
  이익 10,000,000/1,040 = USD 9,615.4를 만기일에 수령

현재 원/달러 NDF시장이 홍콩, 싱가폴 등 역외에 형성되어 있고 다수의 브로커회사들이 역외시장에서 원화, 태국 바트화 등 아시아지역 통화에 대한 NDF거래를 중개하고 있다. NDF시장의 선물환율은 국내 선물환율에 비해 변동성이 훨씬심하다. 참고로 다음은 1997년 외환위기 직전 선물환율과 NDF환율을 비교해볼 수 있도록 추이를 보여준다.

1997년 NDF환율 및 국내선물환율 비교(1년물 기준)

(단위: 원/달러)

	3/28	4/29	5/29	6/23	7/21	9/4	11/3
현물환율	892.9	892.7	892.6	888.4	894.6	904.5	964.6
선물환율(A)	944.3	928.2	920.0	906.0	927.0	947.0	1032.6
NDF환율(B)	949.0	924.0	918.0	906.0	938.5	1003.0	1177.5
차이(B-A)	4.7	-4.2	-2.0	0.0	11.5	56.0	144.9

자료: 한국은행

5. Time Option(Option Forward) 거래

Time Option(또는 Option Forward)은 통상 기업이 장래 결제할 계약을 체결했지만 정확한 결제일이 정해지지 않은 경우, 우선 선물환 결제일의 범위를 정하고 나중에 그 범위 내에서 결제일을 선택하는 거래이다. 그러면 그 선택된 결제일에 선물환의 결제가 이루어진다.

앞에서 살펴 본 선물환거래는 거래일에 결제일이 확정되는 확정일선물환(Forward Outright) 거래였다. 그러나 Time Option(또는 Option Forward)은 거래일에 결제일의 범위만 정하고 나중에 선물환 매입자가 그 범위 안에서 결제일을 선택할 수 있는 권리가 주어진다는 점이 가장 큰 차이이다.

Option Forward의 매입자는 결제일을 선택하는 권리를 가지는데 반해 매도자는 자신에게 가장 유리한 가격을 적용한다. 즉 결제일 범위 내에서 자신에게 가장 유리한 forward points를 적용하여 매매가격을 정한다. 매입자는 가장 불리한 가격을 적용받는 것이다.

사례 7

환율고시가 다음과 같을 때 Time Option의 환율은 다음과 같이 결정된다.

USD/CHF	spot rate	1.7325 / 35
	2-month	130 / **125**
	3-month	**160** / 155

- 2개월 선물환율 1.7195 / **1.7210**
- 3개월 선물환율 **1.7165** / 1.7180
- 만약 고객이 위 고시은행에 USD를 매도하는 경우 자신에게 불리한 가격은 3개월 선물환율 1.7165이다. 또 USD를 매입하는 경우에는 자신에게 불리한 환율이 2개월 선물환율 1.7210이다.
- 따라서 2-3개월 Time Option(또는 Option Forward)의 선물환율은 1.7165/1.7210(또는 160/125 스왑 포인트)이다.

고객은 유리한 결제일을 선택하고 가격고시은행은 유리한 가격을 선택하므로 양측에 모두 유리하다.

제5장 외환스왑(FX Swaps) 거래

외환스왑(FX Swaps) 거래는 결제일과 거래방향이 서로 다른 쌍을 이루는 두 개의 통화거래를 동시에 체결하는 거래이다.
요약하면 외환스왑 거래는:

- 두 개의 결제일을 가진 하나의 장외거래이다.
- 가까운 결제일을 first leg, 먼 결제일을 second leg이라고 하며
- 두 거래는 서로 역방향이다. 항상 'buy and sell'이나 'sell and buy' 형태로 거래된다.
- 각 결제일에 한번씩 두 번의 자금결제가 이루어진다.
- 결제일은 하루부터 12개월까지 있다.
- 기준통화 금액은 두 결제일에 동일 금액이다.
- forward(swap) points로 가격이 고시된다.

은행의 고객 특히 기업들에게 선물환 거래는 장래 환율을 고정시켜 위험을 헤지하도록 해주는 유용한 수단이다. 그러나 은행들끼리는 선물환 거래보다는 외환스왑 거래를 주로 이용한다. 예를 들어 은행이 USD/CHF 거래에서 USD 선물환을 매도했다고 하자. 이 은행은 실제로 은행간 거래에서 다음 거래를 통해 USD 선물환 매도 포지션을 창출한 것이다. 즉 (1) 현물환 딜러가 USD 현물환 매도하고 (2) 선물환 딜러가 USD 현물환 매입+USD 선물환 매도의 스왑거래를 통해 결과적으로 (1)과 (2)의 거래를 결합하여 USD 선물환 매도 포지션을 창출한 것이다. 이처럼 대부분의 선물환 거래는 외환스왑 거래의 일부로 이루어지며 은행간 장외시장(OTC)에서 거래된다. 외환스왑은 외환시장에서 가장 널리 사용되는 거래수단으로 현물환거래나 선물환거래보다 규모가 매우 크다. 외환스왑은 통화스왑(currency swaps)이나 금리스왑(interest rate swaps)과는 다르다.

사례 1

3월 14일에 A은행은 USD/CHF 3개월 외환스왑 거래에 합의하였다. A은행은 USD를 현물환으로 매입하고 USD 선물환을 매도하기로 하였다(buy and sell USD against CHF).

외환스왑 현/선(3개월) Buy and Sell USD

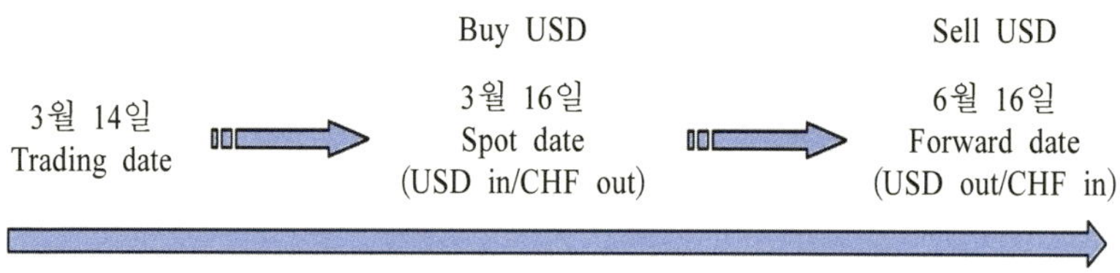

외환스왑은 통상 다음 세 가지 형태로 거래된다.

- 현물환 대 선물환(spot against forward)

  이 경우 처음 교환(first leg)이 2 영업일인 spot date에 발생하고, 반대 교환(second leg)은 선물환 결제일인 forward date에 발생한다. 1개월 선물환의 경우라면 spot date로부터 한달 후가 될 것이다.
- 선물환 대 선물환(forward against forward)

  이 경우 처음 교환이 첫째 선물환 결제일(first leg)에 발생하고, 반대 교환은 다음 선물환 결제일(second leg)에 발생한다. 예를 들면, 현물환 결제일로부터 3개월 뒤에 한번 교환하고, 다음 번 반대 교환은 6개월 후가될 것이다. 이것은 3×6 forward/forward swap으로 알려져 있다.
- Short Dates

  한달 이내에 일어나는 스왑으로서 예를 들면 첫 번째 교환은 오늘, 다음반대 교환은 내일 일어나는 식이다(overnight swap: O/N).

외환스왑 거래에서 환율은 결제일의 기준 통화에 대한 상대통화의 양으로 표시된다. 선물 결제일의 고시가격은 swap points로 나타내는데 외환스왑 거래에서는 이를 swap points라고 부른다.

1. 외환스왑의 선물환 결제일(Forward Value Date)

외환스왑 거래에서 선물환 결제일은 선물환 거래에서와 동일하게 결정되며 총 네 가지 타입의 결제일이 있다. 이들은 외환스왑 거래를 이해하는데 중요하다.

1.1 Fixed Periods(Straight Dates)

외환스왑은 단기 금융시장에서 은행간 예금과 일치하는 만기구조를 가지고 있다. 고정된 만기 기간은 아래와 같다.

고정 기간			개월 수		
기간	1개월	2개월	3개월	6개월	12개월

표준일 또는 고정기간(fixed periods)으로 거래한 외환스왑 거래에서 1차 결제(first leg)는 현물환 결제일(spot date)에, 2차 결제(second leg)는 spot date로부터 계산된 선물환 결제일에 이루어진다. 이것을 spot run이라고 한다. spot date로부터 계산한 1개월, 2개월, 3개월, 6개월, 12개월을 run이라고 부른다.

나머지 4개월, 5개월, 7개월, 8개월, 9개월, 10개월, 11개월을 모두 포함하면 이것을 complete run이라고 한다. 이러한 고정기간을 표준일(straight dates)이라고도 한다. 다시 말해서 표준일 스왑거래는 현물환-선물환 스왑거래이다.

1.2 Short Dates

short dates는 외환스왑이 한달 이내에 행해지는 것을 말한다. 가장 활발히 사용되는 short dates는 아래와 같다. 이 경우 선물환율 결정방식을 사례 2에서 다룬다.

Short Dates	1st Leg Value Date	2nd Leg Value Date
O/N Overnight	오늘	오늘부터 첫번째 영업일
T/N Tomorrow-next	오늘부터 첫번째 영업일	Spot
S/N Spot-next	Spot	Spot 다음 첫번째 영업일
S/W Spot-one week	Spot	Spot 부터 1주일 후

사례 2

Short Dates의 선물환율 결정

USD/CHF의 현물환율과 swap rates가 다음과 같다.

USD/CHF	Spot	1.1505/10
	O/N swap	1.00/0.75
	T/N swap	0.50/0.25
	1 week swap	7.00/5.00

1. One week swap은 결제일이 spot date 이후이다. 따라서 통상의 방식대로 bid쪽이 큰 경우 swap points를 현물환율에서 빼주어 선물환율을 구한다.

USD/CHF	spot	1.1505	1.1510
	1 week	0.0007	0.0005
bid 쪽>offer 쪽이므로 빼준다	=	1.1498	1.1505

2. T/N은 spot date 이전의 결제일이기 때문에 선물환율의 결정은 spot date 이후의 방식과 반대로 결정된다. 위의 T/N의 경우 bid쪽이 더 크므로 빼주어야 하지만 spot date 이전의 날짜이므로 반대로 더해주어야 한다. 더해줄 때에는 buy low-sell high의 원칙이 적용되도록 좌우를 바꾸어 더해준다.

USD/CHF	spot	1.1505	1.1510
	T/N	0.000050	0.000025
좌우를 바꾸어 더해준다	=	1.150525	1.151050

3. O/N 역시 spot date 이전의 결제일이기 때문에 선물환율의 결정은 spot date 이후의 방식과 반대로 결정된다. O/N과 T/N의 swap points를 모두 고려해야 하므로, buy low-sell high의 원칙이 적용되도록 좌우를 바꾸어 이 두개의 swap points를 모두 더해준다.

USD/CHF	spot	1.1505	1.1510
	T/N	0.000050	0.000025
	O/N	0.000100	0.000075
좌우를 바꾸어 모두 더해준다	=	1.15060	1.15115

1.3 Broken Dates

실제로는 많은 고객들이 고정기간(표준일) 사이에 중간일자 외환스왑을 필요로 한다. 이러한 중간일자를 가리켜 비표준일(**broken** date, **cock** date 또는 **odd** date)이라고 한다.

사례 3

Broken dates

오늘은 3월 14일이고, spot date는 3월 16일이다. broken date의 경우 1차 결제일은 spot date이고, 2차 결제일은 6월 25일이다. 이것은 3개월과 4개월 value date인 6월 16일과 7월 16일 사이이다.

- broken date의 points는 dealing machine이나 선형보간법을 사용하여 계산할 수 있다. 예컨대 3개월(91일) 금리가 15.2%이고 4개월(121일) 금리가 15.0%라고 하자. 100일 금리를 선형 보간법으로 구하면 다음과 같다.

$$15.2\% + \left((15.0\% - 15.2\%) \times \frac{100 - 91}{121 - 91}\right) = 15.14\%$$

- swap points도 위와 동일한 방식으로 계산할 수 있다.

사례 4

Spot - September IMM (2016)

1st Leg Spot

2nd Leg Chicago Mercantile Exchage(CME)의 부서인 International Monetary Marcket(IMM)에서 거래되는 통화 파생상품의 만기일자와 일치하는 결제일.

- 이 날짜는 3, 6, 9, 12월의 3번째 수요일이다. 그러므로 이 사례에서는 6월 15일이다.

1.4 Forward/Forward Dates

1차 결제일을 forward date로 하는 forward/forward로도 외환스왑 거래를 할 수 있다. 다음은 3월 16일을 spot date로 하는 1×3 forward/forward swap의 예를 보여 준다. 두 forward date는 모두 spot date에서 계산한다. 1차 결제일(1st Leg)이 1개월 후인 4월 16일 forward date라는 것만 제외하고는 고정일자의 현물환-선물환스왑과 동일하다.

1×3 선-선 외환스왑
1×3 Buy and Sell USD against CHF

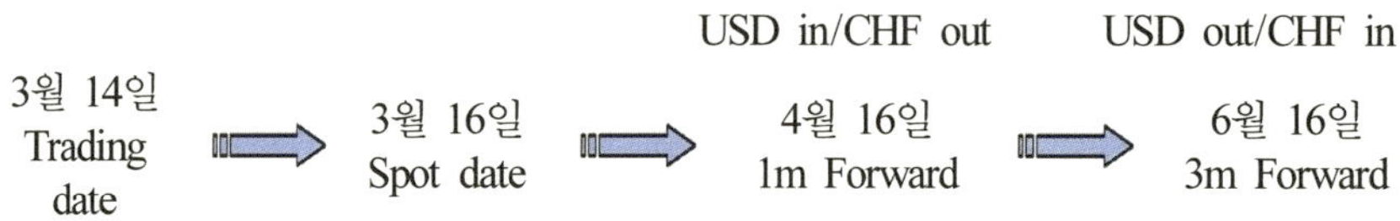

forward/forward 외환스왑의 가격 결정방법은 아래의 원칙을 따르면 된다. 그 자세한 원리는 구체적 사례 5를 통해 상세하게 설명한다.

(1) swap points에 필요하다면 - 부호를 삽입한다(bid쪽이큰 경우)
(2) bid points = far-date의 왼쪽(bid points) - near-date의 오른쪽(offer points)
(3) offer points = far-date의 오른쪽(offer points) - near-date의 왼쪽(bid points)

사례 5

Forward-Forward Dates의 선물환율 결정

USD/CHF의 현물환율과 swap rates가 다음과 같다.

USD/CHF	Spot	1.1325/35
	1개월 swap	65/61
	3개월swap	160/155

1. 고객은행이 sell USD(1개월)-buy USD(3개월)의 선-선스왑거래를 하려고 한다. 이것은 아래와 같은 두 개의 현-선 스왑을 동시에 체결한 것과 같다.

   Sell USD(1개월) / buy USD(3개월)
   = buy USD spot/ sell USD(1개월)
   + sell USD spot/ buy USD(3개월)

   - 1개월 스왑의 경우 가격고시은행이 65 points에 현-선(1개월)을 sell and buy하므로 고객은행은 이 65 points에 buy and sell 할 수 있다. 그러므로 적용환율은 spot과 spot-0.0065이다.
   - 동시에 3개월 스왑의 경우가격고시은행이 155 points에 현-선(3개월)을buy and sell하므로 고객은행은 현-선(3개월)을 sell and buy 할 수 있다. 그러므로 적용환율은 spot과 spot-0.0155이다.
   - 이 두 거래를 결합하면 고객은행은 sell USD(1개월) / buy USD(3개월)의 스왑거래를 하고 적용환율은 spot-0.0065와 spot-0.0155이 된다.
     따라서 swap points의 차이는 -155 - (-65) = -90 points가 된다.

2. 반대로 고객은행은 buy USD (1개월) / sell USD (3개월) 거래를 하고 그 때의 swap points의 차이는 -160 - (-61) = -99 points가 된다. 따라서 양방향 가격은 -99/-90이며 가격고시는 - 부호를 제외하고 99/90으로 이루어진다.

- 한편 1st leg의 적용환율은 bid (혹은 offer) rate 대신 middle rate를 쓰기도 한다. 거래 당사자가 주고 받는 것은 swap points 이므로 어떤 환율을 1st leg에 적용하는지는 큰 의미가 없다.

2. 크로스 환율 계산(Cross Rate)

forward swap의 크로스 환율 계산의 원칙은 현물환의 원칙과 동일하지만 계산과정에서 몇 가지 추가적인 단계를 필요로 한다.

1. 우선 현물환율의 크로스 환율을 계산하다
2. 선물환율의 크로스 환율도 계산한다.
3. 선물환 크로스 환율에서 현물 크로스 환율을 차감하여 cross swap points를 구한다.

3. 외환스왑 시장의 규칙과 용어

3.1 Bid/Offer

현물환 시장과 달리, 외환스왑 거래에서는 2차 결제일(2nd Leg)이 초점이다. 예를들어 USD/CHF의 swap points가 59/58로 고시되면 이것은 market-maker가 2차 결제일(2nd Leg)에 59 포인트에 USD 선물환을 사고 58 포인트에 USD 선물환을 팔겠다는 의사이다. swap points 고시는 양측 딜러에게 공통으로 59/58이며, 선물환율을 구하기 위해서는 현물환율에서 이 포인트를 빼준다.

3.2 Sell/Buy-Buy/Sell

현물환 거래는 한 통화를 다른 통화와 사고 판다. 외환스왑 거래는 두 개의 결제일이 있으므로 **현물환 매도-선물환 매입(Sell/Buy)**을 할 수도 있고 **현물환 매입-선물환 매도(Buy/Sell)**를 할 수도 있다.

외환스왑에서 가격은 항상 2차 결제일(2nd Leg)이 초점이다. 만약 가격고시은행이 현-선스왑에서 swap points를 59/58로 고시했다면 그 은행은 항상 bid(59)에 USD 선물환을 매입하고(현물환은 매도), offer(58)에 USD 선물환을 매도(현물환은 매입)한다.

2차 결제일(2nd Leg)	Bid/Offer	Swap side	Swap points
USD 매입 / CHF 매도	Bid	왼쪽	59
USD 매도 / CHF 매입	Offer	오른쪽	58

정리하면:

- 가격고시은행은 항상 기준통화를 왼쪽 bid point에 sell & buy한다.
- 가격고시은행은 항상 기준통화를 오른쪽 offer point에 buy & sell한다.

이렇게 고시된 가격을 보고 고객은행인 시장추종자/가격수용자(market-taker)는 Yours 또는 Mine이라고 말하기도 한다. 무슨 뜻일까? 위의 예에서(59/58) 런던 이외 지역에서 market-taker가 다음과 같이 말하는 경우, 그 의미는 다음과 같다.

- Yours = Buy and **Sell** base currency = Hitting the Bid
- Mine = Sell and **Buy** base currency = Taking the Offer

고객은행은 혼동을 방지하기 위해 ‘On the Left’ 또는 ‘On the Right’라고 하거나 ‘At 59’ 또는 ‘At 58’이라고 말하기도 한다.

4. 외환스왑 거래전표(Deal Ticket)

외환스왑 거래의 경우 하나의 거래전표(deal ticket)만 만든다. 외환스왑 deal ticket에 기록되는 상세 정보는 다음과 같다.

- 거래일자
- 상대통화
- 거래금액
- 환율과 forward points
- 지급지시
- 거래형태-스왑
- 거래방향-buy & sell, 또는 sell & buy
- 거래통화
- 결제일자
- 브로커 경유, 또는 직접거래

5. 외환스왑 거래의 이용

통상 외환스왑 거래는 하나의 상대은행과 하나의 거래로 체결된다. 합의된 가격으로 동일 금액을 매입/매도하는 거래이므로 환위험에 노출되지 않는다. 외환스왑 거래는 주로 선물환 딜러들이 다음과 같은 이유로 거래한다.

- 금리차를 이용한 투기거래 목적
- 딜링룸 내부에서 현금흐름 관리 목적
- 내외부 고객에 대한 서비스 제공 목적
- 두 거래의 가격불일치를 이용한 arbitrage 목적

5.1 투기(speculation)

현물환 딜러가 환율에 대해 투기거래하는 것처럼 선물환 딜러는 금리차에 대해 투기거래를 행한다. 예컨대 앞에서 살펴본 buy and sell USD against CHF을 고려해보자. 이는 은행이 일정기간 USD를 차입하고 CHF를 대출한 것과 같은 거래이다. 투기가 입장에서는 그 기간 중 USD 금리가 상승하여 높아진 금리로 재대출하거나, CHF 금리가 하락하여 낮아진 금리로 재차입하면 이익을 올릴 수 있다. 이것은 USD 금리가 하락하더라도 CHF 금리가 더 큰 폭으로 하락하면 마찬가지이다. 문제는 금리차이가 USD에 유리하게 변하는 것이다.

사례 6

환율고시는 다음과 같고 CAD가 더 고금리 통화이다. 앞으로 이 금리 차이는 축소될 것으로 예상하고 있다.

Time	10:00 a.m.	3:00 p.m.
USD/CAD spot	1.1752/58	1.1910/20
3개월 swap	80/86	70/76

1. 오전 중 고객은행은 현-선(3개월)로 buy and sell USD 5 million 거래를 한다. 거래는 왼쪽(80) 포인트로 한다. 이 은행은 자신이 보상받는 조건으로(in his favor) 80 포인트에 USD를 buy and sell한 것이다.
   - 1st leg에 결제환율 1.1752로 USD를 매입하고, 2nd leg에 결제환율 1.1832 (=1.1752+0.0080)로 USD 매도한다. 이유는 가격고시은행이 왼쪽(80) 포인트에 sell and buy USD 거래를 하기 때문이다.

2. 그날 오후 3:00 p.m. 금리가 예상대로 변화하여(USD 금리가 상승 또는 CAD 금리 하락) 금리차가 축소되어 환율고시가 오른쪽처럼 바뀌었다.
   - 고객은행은 오른쪽(76) 포인트로 sell and buy USD 5 million 거래를 하고 포지션을 청산한다. 1차 결제일에 결제환율 1.1920으로 USD를 매도하고 2차 결제일에 1.1996 (=1.1920+0.0076)으로 USD를 매입한다.

3. 따라서 고객은행의 현금흐름은 다음과 같다.

	Spot	3 months
최초 거래	+ USD 5,000,000	− USD 5,000,000
최초 거래	− CAD 5,876,000	+ CAD 5,916,000
청산	− USD 5,000,000	+ USD 5,000,000
청산	± CAD 5,960,000	= CAD 5,998,000
순 현금흐름	+ CAD 84,000	− CAD 82,000

   - 이 고객은행은 CAD 2,000 (=84,000-82,000)의 이익을 실현한다. 딜러는 여러 건의 스왑거래를 하므로 이들 금액을 현재가치로 할인하여 합계함으로써 자신의 포지션 손익을 평가한다.

사례 7

환율고시는 다음과 같고USD가 더 고금리 통화이다. 다음 달 미국 Fed의 금리인상으로 금리차이가 확대될 것으로 예상하고 있다.

Time	Today	1개월 후(예상)
USD/CHF spot	1.1752/58	1.1910/20
1개월swap	32/30	36/34
2개월swap	64/60	76/72
3개월swap	96/90	116/112

1. 금리차 확대로 swap point도 향후 확대될 것으로 예상된다. 현재의 3개월 swap(a), 현재의 1개월 swap(b), 미래의 2개월 swap(c)라고 할 때 3개월을 1개월과 2개월 분할하여 a < b + c라면 b + c를 보상받고(in our favor), a를 보상해주는(in your favor) 거래를 통해 이익을 낼 수 있다.
   - 따라서 오늘 3개월 buy and sell USD 5 거래를 하고 96 포인트를 보상해준다. 또 1개월 sell and buy USD 5 거래를 하고 30 포인트를 보상받는다.
2. 1개월 후 예상대로 오른쪽 가격고시처럼 금리차가 확대되고 swap points도 확대되었다고 하자.
   - 다시 2개월 sell and buy USD 5 거래를 하고 72 포인트를 보상받고 포지션을 청산한다.
3. 따라서 고객은행의 현금흐름은 다음과 같다.
   - 보상받은 포인트는 달러당 $30 + 72 - 96 = 6$ 포인트가 이익이다.
   - 총이익은 $5{,}000{,}000 \times 0.0006 =$ CHF 3,000이다.

5.2 현금흐름 관리

선물환 딜러는 딜링룸에서 단기 현금흐름을 관리한다. 이 현금흐름 관리는 현물환 데스크, 단기금융 데스크 및 선물환 데스크에서 단기 스왑거래를 통해 이루어진다.

사례 8

오늘이 3월 14일(월)이고 3월16일 결제일의 현물환 거래가 이루어졌다고 하자. 여러 딜러들로부터 집계한 USD long position의 결제일은 모두 3월 16일이고, 다음 날 3월 15일 거래가 시작되면 USD 현물환 매도로는 포지션을 square할 수 없다.

이 경우 결제일을 조정하기 위해 T/N(Tom Next) 스왑거래를 한다. T/N 스왑은 1차 결제일이 내일이고 2차 결제일은 그 다음 날이다. 이로써 open position을 조정하거나 roll-over할 수 있기 때문에 T/N 스왑은 대량으로 거래된다.

T/N 스왑거래

spot date 하루 이동

	3월 14일	3월 15일	3월 16일	3월 17일
현물환	거래일		+USD -CAD	
외환스왑		거래일	-USD +CAD	+USD -CAD

T/N 스왑

위의 표에서 결제일 3월 16일의 USD 매입초과 포지션을 3월 17일의 새로운 결제일과 일치시키기 위해 하루 roll-over되었다.

사례 9

기업고객이 3개월 USD 선물환을 매입한다고 하자(상대통화는 CAD). 기업고객은 환위험을 커버했지만, 반대로 은행은 이 기간 중 달러화가 강세가 되면 3개월 후 더 비싼 가격으로 USD를 조달하여 약정된 환율에 제공해야 하는 부담을 진다.

은행은 이 위험을 커버하기 위해 다음 조치를 취할 수 있다.

1. USD 선물환을 기업고객에게 매도했으므로 USD 현물환을 매입해야 한다. 이제 은행은 현물환 롱 포지션, 3개월 선물환 쇼트 포지션 상태가 된다.

은행 포지션
현물환 long USD
선물환 short USD

		USD매입/CAD매도		USD매도/CAD매입
3월 14일 Trading date	⇨	3월 16일 현물환	⇨	6월 16일 3개월 선물환
		USD매도/CAD매입		**USD매입/CAD매도**
		1st leg		**2nd leg**

2. 위의 두 현금흐름 사이에 발생하는 시간 갭을 메우기 위해 스왑거래를 이용할 수 있다.
   USD 매도/ CAD 매입 (현물환)
   USD 매입/ CAD 매도 (3개월 선물환)

5.3 내외부 고객 서비스

딜링룸 내의 선물환 딜러는 기업고객으로부터 스왑가격 고시를 요청받을 수 있다. 그런데 왜 기업고객이 외환스왑 거래를 할 필요가 있을까?

사례 10

독일 기업고객이 미국에서 달러화 표시로 기계부품을 구입하고 대금지급을 위해 3개월 USD선물환을 매입하였다(상대통화는 CAD). 그런데 기계부품의 생산과 선적이 약 1개월 지연된다는 소식을 접했다. 그러면 원래의 결제일에는 부품 대금으로 USD를 지급할 필요가 없고 1개월 후에 지급해야 한다. 이 경우 기업고객은 어떻게 해야 할까?

기업고객은 결제일을 1개월 더 연기하기 위해 외환스왑 거래를 이용할 수 있다.

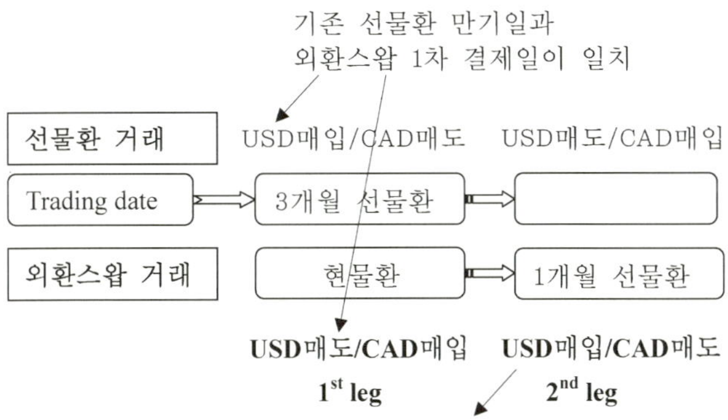

고객은 선물환 거래의 결제로 받은 USD를 현물환으로 매도하고 선물환으로 USD를 매입한다. 이제 고객은 새로운 결제일에 USD 롱 포지션이 되었다. 따라서 고객의 USD 소요는 1개월 연기되었다.

이처럼 기업고객은 선물환 거래로 포지션을 취하고 그 다음에 외환스왑 거래를 이용하여 포지션의 결제일을 조정한 효과를 보았다.

5.4 차익 거래(Arbitrage)

차익 거래는 동일한 시점에서 시장이 관련 상품의 가격차이를 이용하는 상황에서 발생한다. 차익거래자들은 연관된 시장에서 가격차이가 발생했는지 또는 같아졌는지를 끊임없이 살핀다. 적절히 수행하면 이 거래는 리스크 없이 이윤을 보장해주기 때문에 손쉬운 돈벌이(easy money)로 간주된다.

사례 11

시장에서의 환율과 금리는 다음과 같다. 영국의 GBP가 고금리인 점을 고려하여 어떤 딜러가 향후 6개월(183일)간 GBP 1 million에 투자한다고 하자. 이 딜러는 USD를 차입하여 그것으로 GBP 현물환 매입/선물환 매도의 스왑거래를 통해 6개월간 환리스크를 헤지하고 안전하게 GBP 고금리 수익을 확정하는 무위험차익거래를 하고자 한다.

GBP/USD spot	1.4250/56
6개월swap	93/91
6개월GBP 금리	6.0/6.1%
6개월USD 금리	4.0/4.1%

1. 가격고시은행은 항상기준통화 GBP를 왼쪽 bid point인 -133에 sell & buy한다. 따라서 이 딜러는 4.1%로 차입한 USD로 -93 point에 GBP를 buy and sell해야 한다. 따라서 1st leg에 결제환율 1.4250으로 USD 1,425,000을 차입하여 현물환으로 GBP 1,000,000을 매입하고 이를 6개월간 투자하면

   ① 만기시의 원리금은 GBP 1,030,082이다.

   $$1{,}000{,}000 \times \left(1 + 0.060 \times \frac{183}{365}\right) = 1{,}030{,}082$$

   ② 6개월 후 상환해야 할 USD 원리금은 USD 1,454,699이다.

   $$1{,}425{,}000 \times \left(1 + 0.041 \times \frac{183}{360}\right) = 1{,}454{,}699$$

   ③ 이와 동시에 2nd leg에 대해서는 1.4250-0.0093=1.4160의 선물환율로 GBP를 선물 매도한다. 따라서 확정되는 USD 금액은 USD 1,458,596 이다.

   $$1{,}030{,}082 \times 1.4160 = \text{USD } 1{,}458{,}596$$

2. 따라서 이 딜러는 USD 3,897(=1,458,596-1,454,699)의 이익을 차익거래를 통해 확정하였다. 그 현금흐름은 다음과 같다.

	Spot	6 months
USD 차입	+ USD 1,425,000	- USD 1,454,699
스왑 거래	- USD 1,425,000	+ USD 1,458,596
	(+ GBP 1,000,000)	(- GBP 1,030,082)
USD 순 현금흐름		+ USD 3,897

예컨대 CAD/CHF 크로스 환율은 USD/CAD 환율과 USD/CHF 환율로부터 도출된다. 그러나 크로스 환율을 구성하는 두 환율에 하나 또는 둘 모두가 먼저 움직이고 크로스 환율은 미처 조정되지 못했다고 하자. 이 경우 차익거래자들은 CAD/CHF, USD/CAD, USD/CHF 시장에서 동시에 적절한 거래를 수행함으로써 차익기회를 이용하려고 할 것이다.

선물환 시장에서도 동일한 형태의 차익거래 기회가 존재한다. 선물환율은 두 통화간의 금리격차에 기초하여 가격이 결정된다. 통상 금리격차가 변화하면 선물환율도 조정되지만 때때로 금리격차와 선물환율의 조정이 적시에 이루어지지 않는 경우도 있다. 이 경우 유능한 차익거래자라면 언제나 이 기회를 이용하려 할 것이다.

6. 외환스왑 가격결정

앞에서 swap points의 고시방법을 살펴 보았으므로 이제 swap points를 읽고 선물환율을 정확하게 계산할 수 있다. 선물환율을 올바르게 계산하도록 swap points를 읽을 수 있는 간단한 규칙을 다시 살펴보자.

사례 12

Tom-Next swap

USD/CHF의 현물환율이 1.1180/90이고, T/N swap points가 0.9/0.8일 때, 0.9 points에 거래를 했다. 거래전표(deal ticket) 상에 나타나는 선물환율은?

	Spot	T/N
USD/CHF	1.1180/90	0.9/0.8

3. swap points의 points는 소수점 넷째 자리이므로

USD/CHF	spot	1.1180	1.1190
	T/N	0.00009	0.00008

4. bid 쪽 > offer 쪽이므로 빼준다 = 1.11791   1.11892

5. 거래전표(deal ticket)에는 다음과 같이 나타날 것이다.

1ST	Leg	1.1180
2nd	Leg	1.11791

6. 이 사례에서는 현물환율을 1ST Leg에 적용했다. 스왑 딜러는 현물환율을 2nd Leg에 적용할 수도 있는데 디스카운트의 사례이므로 deal ticket은 다음과 같다.

1ST	Leg	1.11809
2nd	Leg	1.1180

7. O/N Swap의 경우도 마찬가지이다. O/N의 두 날짜 모두 spot date가 아니지만 현물환율은 1ST Leg나 2nd Leg에 같은 방식으로 적용될 수 있다.

사례 13

Spot-Forward swap

USD/JPY의 현물환율이110.50/05이고, 3 months swap points가 120/140 일 때, 140 points에 거래를 했다. 거래전표(deal ticket) 상에 나타나는 선물 환율은?

	Spot	3 mths
USD/JPY	110.50/05	120/140

1. swap points의 points는 소수점 둘째 자리이므로

USD/JPY	spot	110.50	111.05
	3 mths	1.20	1.40

2. bid 쪽<offer 쪽이므로 더해줌 = 111.70 112.45

3. 거래전표(deal ticket)에는 다음과 같이 나타날 것이다.

1ST Leg	111.05
2nd Leg	112.45

4. 이 사례에서는 현물환율을 1ST Leg에 적용했다. 스왑 딜러는 현물환율을 2nd Leg에 적용할 수도 있는데 프리미엄의 사례이므로 거래전표는 다음과 같다.

1ST Leg	109.65
2nd Leg	111.05

연습문제

아래 대화는 두 외환딜러 사이의 대화내용이다. 끝까지 읽고 다음 질문에 답하시오.

Dealer A
Hello mate, Citibank NY here, What's Cable in 5?

Dealer B
Figure Five

Dealer A
Mine

Dealer B
Done. Val. 12th. Big Figure 1.67. Dollars to my NYC.

Dealer A
Cheers. Pounds to Barclays LDN.

01 a) 시장조성자는 누구이고 시장추종자는 누구인가?

b) 거래된 통화쌍(currency pair)은 무엇인가?

c) 환율 표기방식은 미국식인가 유럽식인가?

d) 기준통화는 무엇인가?

e) 고시된 환율은 얼마인가?

f) 스프레드는 얼마인가?

g) mine의 의미는 무엇인가?

h) 시장추종자는 무엇을 사고 무엇을 팔았는가?

i) 대상통화로 거래된 금액은 얼마인가?

j) 시장추종자가 yours라고 했다면 그는 어떤 환율로 거래할 것인가?

02 당신이 USD/CHF 현물환율을 1.4270/80으로 고시했다. 사람들이 'I take 5'라고 할 때 그 의미는 무엇인가?

a) 그들은 잠시 생각할 시간이 필요하다
b) 1.4270에USD 500만을 매입한다
c) 1.4270에 CHF 500만을 매입한다
d) 1.4280에USD 500만을 매입한다

03 브로커가 'Pay 5 for 10, offer 15 at 20'라고 말했다면 다음 중 이 의미를 잘 설명한 것은 어떤 것인가?

a) 당신은 5에 USD 1,000만을 매도하고 20에 USD 1,500만을 매입할 수 있다
b) 시장가격은 5/15이고 매입세는 USD 1,000만, 매도세는 USD 1,500만이다
c) USD 500만에 대해 10을 지급하고 USD 1,500만에 대해서는 20을 받을 수 있다
d) USD 1,000만의 가격으로 USD 500만을 매입할 수 있고 USD 2,000만의 가격으로 USD 1,500만을 매도할 수 있다

04 현물환 거래로 오늘 외환거래를 한 경우 언제 결제 리스크가 가장 큰가?

a) 오늘
b) 내일
c) 결제일
d) 오늘, 내일 및 결제일이 모두 동일하다

05 당신이 4개의 GBP/USD 환율을 제시 받았다. 당신이 GBP를 매도하려는 경우 가장 유리한 가격은 어떤 것인가?

1.6865/75	1.6868/78	1.6874/79	1.6866/76

a) 1.6865　　b) 1.6879　　c) 1.6874　　d) 1.6866

06 고객이 당신에게 USD/JPY 현물환율을 고시해 달라고 요청했다. 당신은 고객이 JPY를 매입하려 한다고 생각한다. 다음 중 어떤 가격이 당신에게 가장 유리한가?

a) 102.25/35　　b) 102.40/50　　c) 102.45/55　　d) 102.60/70

07 Citibank가 다음과 같이 USD에 대한 각 통화의 환율을 고시했다.

USD/CAD 1.6400/10	USD/CHF 1.4220/30
GBP/USD 1.6880/90	USD/JPY 123.40/50

a) 고객이 CAD를 매입하려고 한다. 환율은 얼마이며 이 환율은 은행의 매입률인가 매도율인가?
b) 스위스프랑의 스프레드는 얼마인가?
c) Citibank가 GBP를 매입하는 환율은?
d) Citibank가 JPY 500만을 매입할 때 지급해야 하는 환율은?

08 스위스프랑을 팔고 캐나다달러를 매입하려면 다음중 어떤 일을 맨 먼저 해야 하는가?

a) 스위스프랑을 팔고 은행의 USD bid rate로 USD를 매입한다
b) 스위스프랑을 팔고 은행의 USD offer rate로 CAD를 매입한다
c) 스위스프랑을 팔고 은행의 USD offer rate로 USD를 매입한다
d) 위의 어느것도 아니다

09 Citibank가 다음과 같은 현물환율을 고시했다.

USD/CAD 1.6400/10	USD/CHF 1.4220/30	GBP/USD 1.6880/90

a) 스위스프랑 한 단위를 매입하기 위한 캐나다달러 표시 크로스환율은?

b) 영국파운드 한 단위를 매도하기 위한 스위스프랑 표시 크로스환율은?

10 은행들이 GBP/USD와 USD/CAD에 대해 다음과 같이 환율을 고시하였다. 당신은 GBP를 팔고 CAD를 매입하고자 한다.

은행	GBP/USD	USD/CAD
A	1.6853/63	1.6458/68
B	1.6855/65	1.6459/69
C	1.6852/64	1.6460/70
D	1.6856/66	1.6457/67
E	1.6854/68	1.7456/66

a) 당신이라면 어느 은행에 GBP를 매도하고 USD를 매입하겠는가?
b) 당신이라면 어느 은행에 USD를 매도하고 CAD를 매입하겠는가?
c) 당신에게 가장 유리한 환율을 이용한 GBP/CAD 크로스환율은 얼마인가?

11 은행들이 USD/CHF와 USD/JPY에 대해 다음과 같이 환율을 고시하였다. 당신은 CHF를 팔고 JPY를 매입하고자 한다.

은행	USD/CHF	USD/JPY
A	1.4247/57	123.74/98
B	1.4246/58	123.74/95
C	1.4245/56	123.70/90
D	1.4248/59	123.73/95
E	1.4249/60	123.75/85

a) 당신이라면 어느 은행에 CHF를 매도하고 USD를 매입하겠는가?
b) 당신이라면 어느 은행에 USD를 매도하고 JPY를 매입하겠는가?
c) 당신에게 가장 유리한 환율을 이용한 CHF/JPY 크로스환율은 얼마인가?

12 다음 중 forward points를 가장 잘 설명한 것은?

a) 당신이 한 통화의 다른 통화에 대한 가치를 변화시키는 화폐금액
b) 특정 기간중 두 통화의 이자율 차이

c) 한 통화의 다른 통화에 대한 상대적 강세
d) 한 통화의 미래가치

13 당신이 고객에게 현물환율 GBP/HUF 2704/2714, 3개월 forward points 16/19를 고시하였다. 고객은 당신에게 GBP 200을 3개월 선물환으로 매도한다. 당신은 얼마의 HUF를 고객에게 지급해야 하는가?

a) 54,400.000
b) 5,466,000
c) 5,460,000
d) 5,446,000

14 고객이 USD/CHF에 대해 3개월 확정일 선물환율(forward outright)을 문의했다. 현물환율이 1,6463/68이고 forward points가 114/112이다. 당신이 고시한 선물환율은?

a) 1.6351/54
b) 1.6349/56
c) 1.6577/80
d) 1.6575/82

15 다음은 USD/JPY에 대한 은행의 현물환율과 선물환율이다.

	Bank A	Bank B	Bank C
Spot	122.00/50	122.00/25	121.90/15
3 mths	36/33	37/34	38/36

a) 어느 은행으로부터 가장 좋은 환율로 JPY 선물환을 매입할 수 있는가?
b) 현물환율은 얼마인가?
c) forward points는 얼마인가?
d) 선물환율은 얼마인가?

16 다음은 GBP/USD에 대한 은행의 현물환율과 선물환율이다.

	Bank A	Bank B	Bank C
Spot	1.6830/40	1.6831/39	1.6832/42
3 mths	39/36	42/38	39/36

a) 어느 은행으로부터 가장 좋은 환율로 GBP 선물환을 매입할 수 있는가?
b) 현물환율은 얼마인가?
c) forward points는 얼마인가?
d) 선물환율은 얼마인가?

17 다음 중 어느 설명이 FX swap에 적용되지 않는가?

a) 한 쌍의 거래로 구성되며, 통상 하나는 현물환 다른 하나는 선물환거래이다
b) 두 개의 시장거래를 원상태로 되돌릴 수 있다
c) 상대방의 신용위험을 제거한다
d) 차익기회를 이용하는데 사용될 수 있다

18 FX swap을과 관련하여 다음 설명이 올바른지 선택하시오. FX swap은

a) 비용이 더 저렴한 자금을 조달하는데 사용될 수 있다 ( )
b) 당신이 선택하는 통화에 투자하는데 사용될 수 있다 ( )
c) 예금과 forward points 사이의 차익거래에 사용될 수 있다 ( )

19 선물환거래 (forward outright transactions)와 외환스왑(FX swap)의 기본적인 차이는 무엇인가?

20 FX swap을 전형적으로 언제 사용하는가?

21 어떤 통화의 1개월(30일) swap points가 120/100, 2개월(60일) swap points가 160/140으로 고시되었다. 다른 특별한 요인이 없다면 45일 swap points는얼마로 고시해야 하는가?

a) 130/110
b) 135/125
c) 140/120
d) 280/240

연습문제 해답

1. a) Dealer A가 시장추종자, Dealer B는 시장조성자
   b) GBP/USD-Cable c) 미국식 표기 d) GBP Sterling e) 1.6700.05
   f) 5 pips or points g) Dealer A가 GBP를 매입-take the offer
   h) Dealer A가 GBP를 매입하고 USD를 매도
   i) 피고시통화는 USD이고 거래금액은
   £5,000,000×1.6705=$8,352,500
   j) 1.6700

2. d)

3. a)

4. c)

5. c)

6. a)

7. a) 1.6400-은행의 USD 매입율
   b) 10 pips
   c) 1.6880
   d) 123.50

8. c)

9. a) 1.6410÷1.4220=1.1540 CHF/CAD
   b) 1.6880×1.4220=2.4000 GBP/CHF

10. a)Bank D at 1.6856
    b) Bank C at 1.6460
    c) 1.6856×1.6460=2.7745 GBP/CAD

11. a) Bank C at 1.4256
    b) Bank E at 123.75
    c) 123.75÷1.4256=86.806 CHF/JPY

12. b)

13. a)

14. b)

15. a) Bank A
    b) 122.00
    c) −0.36
    d) 121.64

16. a) Bank B
    b) 1.6839
    c) −0.0038
    d) 1.6801

17. c)

18. a) True
    b) True
    c) True

19. 선물환거래는 하나의 거래이지만 FX swap 거래는 두 개의 외환거래

20. FX swap
    · 단기 자금흐름 관리와 결제일의 roll-over
    · 환위험을 미래로 헤지
    · 이자율 차이에 대한 투기
    · 차익거래 수행

21. c)

참고문헌

[단행본]

Anthony, S. (2003), *Foreign Exchange in Practice: The New Environment.*New York: Palgrave Macmillan

Bannock, G. and W. Manser (2003), *The Penguin International Dictionary of Finance*, Penguin Books. Ltd.

Mahony, S. (1997), *A-Z of International Finance*, FT/Pitman Publishing.

Reuters Limited (1999), *An Introduction to Foreign Exchange and Money Markets: The Reuters Financial Training Series*, John Wiley & Sons, Inc.

Steiner, B. (2002), *Foreign Exchange and Money Markets: Theory, Practice and Risk Management*, Butterworth-Heinemann.

Walmsley, J. (1992*), The Foreign Exchange and Money Markets Guide*, John Wiley & Sons, Inc.

[주요 인터넷 자료]

Bloomberg Currency Rates.
http://www.bloomberg.com/markets/currencies/fxc.html

CBS MarketWatch.
http://www.marketwatch.com/?avatar=seen&dist=ctmw

CNN Money World Markets.
http://money.cnn.com/data/world_markets/

Current Value of Old Money.
http://www.ex.ac.uk/~RDavies/arian/current/howmuch.html

European Central Bank's Foreign Exchange Rates.
http://www.ecb.europa.eu/stats/exchange/eurofxref/html/index.en.html

Federal Reserve's Foreign Exchange Rates.
http://www.federalreserve.gov/releases/

INO.com, Global Foreign Exchange.
http://quotes.ino.com/exchanges/

Pacific Exchange Rate Service.
http://fx.sauder.ubc.ca

OANDA Currency Site.
http://oanda.com

Rubicon International, World Exchange Rates.
http://www.rubicon.com/passport/currency/

Universal Currency Converter.
http://www.xe.com/ucc/

제3부 외환파생상품

통상 접하게 되는 아래의 외환 파생상품[1])은 모두 선물환 거래와 관련이 있다.

- 합성통화선도 거래(SAFE)
- 통화선물 거래
- 통화스왑 거래
- 통화옵션 거래
  - 현물
  - 선물

1) 통상 외환파생상품에 대한 기초적인 내용은 Reuters Limited (1999), *An Introduction to Derivatives: The Reuters Financial Training Series*, John Wiley & Sons, Inc.을 참고할 것. 그러나 대부분의 파생상품에 대한 더 자세한 설명은 Hull (2016), *Options, Futures, and Other Derivatives*, Global Edition, Pearson 참조.

제6장 SAFE(Synthetic Agreements for Foreign Exchange)

SAFE(Synthetic Agreements for Foreign Exchange)는 차액결제선물환(NDF)이라고도 알려진 외환거래약정(FXA)과 환율약정(ERA)에 대한 통칭이다.

- 외환약정(Foreign Exchange Agreement: FXA) 또는 차액결제선물환(Non-deliverable Forward: NDF)은 개념상 선물환거래로서 결제일에 상대통화는 인도하지 않고 기준통화로만 결제가 이루어지는 선물환거래이다. 이 거래는 선물환거래를 하고 결제일에 약정환율과 현물환율의 차액만 기준통화로 결제한다. 이 거래는 선물환거래를 하고 결제일에 반대방향 현물환거래를 하는 것과 같은 거래이다.
- 환율약정(Exchange Rate Agreement: ERA)은 개념상 선-선스왑 거래로서 결제일에 상대통화는 인도하지 않고 기준통화로만 결제가 이루어지는 선-선스왑 거래이다. 이 거래는 선물에 대한 외환거래약정(Foreign Exchange Agreement: FXA)에 해당하는데 현물은 선물이 되고 선물은 선물의 선물이 된다. 각 결제일에 한번씩 두 번의 자금결제가 이루어진다.

SAFE는 forward points 변동을 헤지하고 forward points(선물환율-현물환율)를 고정시킬 목적으로 거래된다. 각국의 규제 때문에 인도가 불가능한, 교환성이 크지 않은 통화도 SAFE의 상대통화로 광범위하게 거래된다.

1. SAFE의 이용

시장에서 SAFE를 주로 이용하는 기관은 은행과 국제금융을 취급하는 기업들인데 다음의 두 가지 이유 때문이다.

- SAFE를 매입하여 외환 스왑포인트(FX swap points) 상승에 대한 헤지할 목적
- SAFE를 매도하여 외환 스왑포인트(FX swap points) 하락에 대한 헤지할 목적

그러나 최근 시장에서 SAFE의 거래가 활발하게 이루어지지는 않고 있다. 예컨대 독일 은행이 6개월 후 만기에 EUR 10 million에 해당하는 미국재무부증권을 매입한다고 하자. 이 독일 은행은 처음 3개월의 환위험에 대해 현-선(3개월) 스왑으로 헤지하기로 하고, USD 현물매입-USD 3개월 선물매도 거래를 한다. 이 헤지거래로 독일 은행은 처음 3개월의 환위험은 헤지했지만 나머지 3개월에 대해 무엇을 할 수 있을까? 다음과 같은 전략을 포함해 다양한 전략이 있을 수 있다.

- 전략 1: 처음 3개월이 경과하기를 기다렸다가 다시 나머지 3개월에 대해 다시 현-선(3개월) 스왑으로 헤지한다. 이 경우 뒷 부분의 3개월은 독일 은행에 불리한 환율변동이 발생할 위험도 있다.
- 전략 2: 지금 선-선 스왑거래(3×6 forward/forward FX swap)거래를 한다. 즉 USD 3개월 선물매입-USD 6개월 선물매도 거래를 하는 것이다.
- 전략 3: 현-선(3개월) 스왑거래와 결합하여 불리한 swap points의 변동에 대해 3개월 3×6 ERA 거래를 한다.

독일 은행이 전략 3의 ERA 거래를 하는 경우 두 번째 현-선(3개월) 스왑거래의 swap points에 대한 헤지가 이루어진다. 그 과정이 다음 그림에 예시되어 있다.

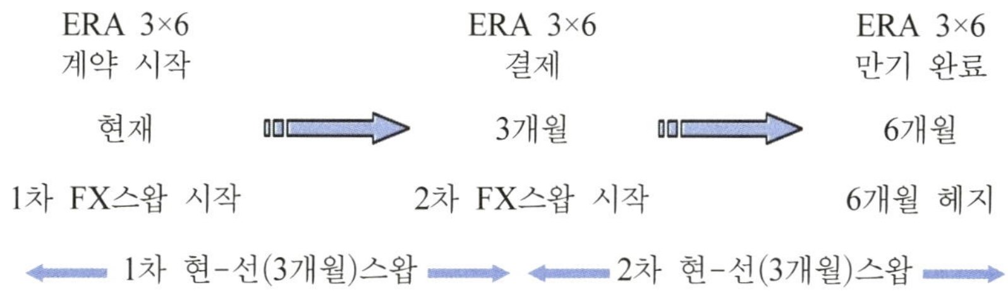

ERA 거래의 결제금액은 1차 스왑의 만기일에 지급된다. 다시 말해서 개념상의 선(3개월)-선(6개월)스왑 거래 시작일에 결제가 된다. 결제금액은 6개월 후인 만기일 기준이므로 결제일까지 할인하여 지급된다. ERA 결제금액은 다음 식으로 계산된다.

$$\text{결제금액} = \frac{\text{계약금액} \times (\text{거래일 swap points} - \text{결제일 swap points})}{1 + i^{*} \times \frac{T}{360(365)}}$$

i* = LIBOR금리, T = 스왑거래 기간

2. 시장에서의 SAFE

다음 사례는 시장에서 시장참여자들이 ERA와 FXA를 거래하는 방식을 보여준다.

사례 1

현재 GBP 금리가 USD 금리보다 더 높다. 앞으로 이 금리차가 축소될 것으로 예상되기 때문에 GBP 5 million을 1×3 SAFE로 매도하기로 한다.1×3개월 기간의 날짜는 61일이다. 고시된 환율은 다음과 같다.

GBP/USD 1개월 선물환율	1.4675
1×3 swap	86/80

여러분은 −80 points에 SAFE를 매도한다. 1개월 후 결제일 2영입일 전의 환율이 다음과 같이 결정되었다.

GBP/USD spot	1.4915
2개월 swap	−76
USD 2개월 LIBOR	4.23%

ERA를 이용했다면 여러분의 이윤은 USD 1985.77이다.

$$5{,}000{,}000 \times \frac{(-0.0080 - -0.0076)}{1 + 0.0423 \times \left(\frac{61}{360}\right)} = -1985.77$$

FXA를 이용했다면 여러분의 이윤은 USD 1131.79이다.

$$5{,}000{,}000 \times \frac{(1.4675 - 1.4915) + (-0.0080 - -0.0076)}{1 + 0.0423 \times \left(\frac{61}{360}\right)}$$
$$-5{,}000{,}000 \times (1.4675 - 1.4915) = -1131.79$$

위 금액이 음수이므로 동 금액을 매입자가 매도자에게 지불해야 한다.

제7장 통화선물 거래(Currency Futures)

통화선물 거래(Currency Futures)는 거래금액과 만기가 표준화된 거래소(Exchange)에서 거래되는 선물거래이다. 시장참여자들은 기존 계약을 반대매매로 청산함으로써 리스크를 관리할 수 있다. 따라서 현물거래에서의 손익이 선물거래에서의 손익으로 상쇄될 수 있다. 통화선물 거래는 선물환 거래와 유사한 방식으로 환위험을 헤지하는 거래이며 두 가지 형태가 있다.

- USD 통화선물 거래
- Cross-Currency 통화선물 거래

1. 통화선물의 거래소 계약

통화선물 거래는 시카고상업거래소(Chicago Mercantile Exchange: CME)의 하부기관인 IMM(International Money Market)에서 1972년 도입되었다. CME는 시카고상품거래소(CBOT) 합병, 뉴욕상업거래소(NYMEX) 인수, CME유럽청산소(CMECE) 및 CME유럽거래소(CMEEL) 설립, 캔자스시티 상품거래소(KCBT) 인수 등을 통해 CME Group으로 확대되었고 전자거래 플랫폼 CME Globex를 통해 전자선물거래도 수행하고 있다.

또한 Intercontinental Exchange(ICE)는 미국, 캐나다 및 유럽에 선물거래소 네트워크를 보유하고 미국과 유럽에 과거 런던국제금융선물거래소(LIFFE)를 통합하여 미국 중심의 거래소 네트워크를 구성하여 운영하고 있다. 또 EUREX Exchange는 유럽 최대의 선물거래소 그룹으로서 EUREX거래소, 미국의 국제증권거래소(ISE), 전자통신네트워크(ECN)를 보유한 선물거래소 그룹이다. 거래소마다 상이한 거래명세와 전통을 따르기 때문에 거래 세부사항을 비교할 때에는 주의가 필요하다.

통화선물 거래는 일부분만 결제되고 대부분의 거래는 상품선물 거래와 마찬가지로 만기 전에 청산된다. 독립적인 청산소로서 런던청산소가 확대개편된 LCH Clearnet이 운영되고 있고, 미국의 경우 CME Clearing이 운영되고 있다.

거래소에서 거래되는 통화선물 거래는 OTC에서의 전통적 외환거래와 달리 다음과 같은 특징을 지닌다.

- 표준화된 거래로서 거래단위, 계약월, 결제일, 호가, 최소가격변동폭 등이 표준화되어 있다.
- 원래의 거래를 동일금액의 반대거래로 청산할 기회가 주어지기 때문에 실제로 결제가 이루어지는 거래는 3% 미만이다.
- 계약가격이 자유롭게 공개되는 공개시장이다. 거래소의 객장에서 공개호가 방식으로 거래가 이루어지고 가격은 거래상황판, 금융관련 신문, Reuter와 같은 정보제공업체에 공표된다.
- 일단 거래가 체결되면 청산소가 매입/매도 양쪽의 딜러에게 거래당사자 역할을 하기 때문에 계약이 매입자와 매도자 사이에 직접 이루어지지는 않는다. 거래 당사자 중 일방이 계약불이행 상태가 되면 청산소가 신용리스크를 떠맡는다. 이 점은 매우 중요한데, 청산소가 요구하는 신용도만 충족하면 누구라도 시장에 접근할 수 있기 때문이다. 이 때문에 대형 기관이라도 규모가 작은 조직이나 투자자보다 유리한 점은 없다.

장외거래(OTC)는 고객의 특정 요구에 맞게 거래조건을 맞춤형으로 할 수 있어 고객에게는 유리하다. 그러나 특히 신용위험과 관련된 여러 가지 불리한 점도 동시에 존재한다.

거래소거래는 공개호가 방식으로 거래되며 프리미엄 가격도 자유롭게 발표되고 알 수 있다. 장외거래에서도 가격이 어느 정도 통일되어 있지만 두 시장의 주된 차이점은 신용이다. 거래소거래에서는 증거금제도 덕분에 신용위험이 제거되지만, 장외거래에서는 거래상대의 신용위험이 여전히 상존한다. 이 두 거래를 비교하면 다음 표와 같다.

거래소거래(Exchange)	장외거래(OTC)
·가격을 항상 알 수 있다 ·공개호가에 의한 경매방식 거래 ·계약이 표준화되고 공표된다 ·포지션을 쉽게 청산할 수 있다 ·만기에 결제되는 계약은 거의 없다 ·청산소가 모든 계약을 보증한다 ·딜러는 서로 상대를 모른다 ·거래시간과 규칙이 있다	·가격공개 정도가 떨어진다 ·전화나 옵션브로커를 통한 거래 ·계약조건을 협상한다 ·포지션을 쉽게 상쇄하거나 양도할 수 없다 ·대부분의 거래가 결제되거나 만기 소멸된다 ·거래상대의 신용위험이 존재한다 ·거래상대를 서로 안다 ·상대적으로 규제가 덜한 24시간 시장이다

통화선물 거래가 만기까지 가면 한 쪽의 딜러는 한 통화를 수취/지급하고 다른 쪽 딜러는 상대통화를 수취/지급함으로써 결제가 이루어진다. CME Group에서 주로 거래되는 통화의 일부가 아래 표에 요약되어 있다.

CME Group Futures	Unit of trading	Maintenance margin
Euro	EUR 125,000	USD 3,550
Japanese Yen	JPY 12,500,000	USD 2,700
Swiss Franc	CHF 125,000	USD 4,000
Australian Dollar	AUD 100,000	USD 1,800
Mexican Peso	MXN 500,000	USD 1,850

선물거래의 세부 사항은 거래 형태별, 거래소 별로 각각 다르지만 다음은 CME에서 사용되는 EUR선물의 세부사항을 보여준다.

CME EUR Futures		American terms
거래단위		EUR 125,000
호가		US Dollar per EUR
최소가격 변동단위 (Tick)		1 유로 당 $ 00005($6.25/계약). 전자거래 플랫폼에서 이루어지는 유로/미국달러선물 통화간 스프레드의 경우에는 1유로 당 $ 00005($6.25/계약).
계약월		3월, 6월, 9월, 12월
거래시간	CME Globex 전자거래	일요일: 오후 5:00-익일 오후 4:00(시카고시간). 월요일-금요일: 오후 5:00-익일 오후 4:00(시카고시간). 단, 금요일은 오후 4:00에 마감 후 일요일 오후 5:00(시카고시간)에 재개장.
	CME ClearPort	일요일-금요일: 오후 5:00 -익일 오후 4:15(시카고시간), 매일 오후 4:15부터 45분간 거래 중단.
	Open Outcry	오전 7:20- 오후 2:00(시카고시간)
상품코드		CME Globex: 6E CME ClearPort: EC Open Outcry: EC Clearing: EC
최종 거래일		해당 계약월 세 번째 수요일 직전의 두 번째 영업일 오전 9:16(시카고시간). 보통 월요일임.
결제방법		물리적 인도

대부분의 거래소는 통화선물 가격을 American terms(간접표시환율)로 고시한다. 이것은 외화 한 단위당 USD의 양으로 표시되는 환율이다. 예를 들어 3월 결제 AUD 통화선물 가격은 통상과 반대로 다음과 같이 고시된다.

$$\text{AUD } 1 = \text{USD } 0.7502$$

이 방식은 현물환 시장에서의 European terms(직접표시환율)과 반대되는 고시방법이다(직접표시환율은 그 반대로 USD 1 = AUD 1/0.7502 = AUD 1.3330이다). 이 방식을 사용하기 때문에 예컨대 AUD의 현물가격이 상승하면 선물가격은 역으로 하락한다(그러나 GBP/USD 환율은 통상 간접표시환율을 사용하기 때문에 현물가격과 선물가격 표시방법이 동일하다). 한편 FINEX는 현물시장과 마찬가지로 직접표시환율로 가격으로 고시한다는 점을 고려할 필요가 있다.

2. 시장에서의 통화선물 거래

2.1 통화선물 가격은 어떻게 결정되는가?

통화선물 가격은 현물환율과 밀접한 관련을 가지는데 가격차이는 결제일의 차이에서 발생한다. 통화선물과 현물의 가격차이는 스왑베이시스(swap basis)이라고 하는데 다음과 같은 관계로 결정된다

스왑베이시스 = 선물가격 - 현물가격

스왑은 거래일과 결제일 사이에 한 통화에 대해 다른 통화를 보유함으로써 발생하는 보유비용을 반영하므로 두 통화의 이자율 차이로부터 도출된다. 선물계약이 만기에 가까워지면 스왑은 영에 수렴한다. 궁극적으로 결제일에는 선물가격은 현물가격과 같아진다. 3개월 선물계약의 만기 잔존기간에 따른 스왑은 아래 그림과 같이 예시할 수 있다.

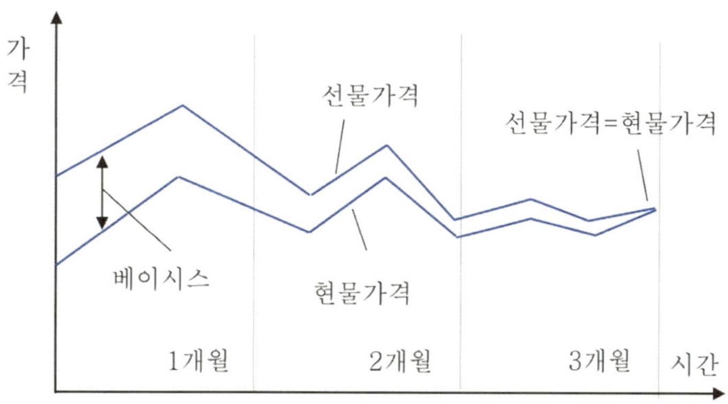

통화선물의 스왑은 선물환율의 forward points 또는 swap rates와 동일한 동일한 방식으로 산출된다. 단 거래소에서 모든 가격은 American terms(간접표시환율)로 고시되므로, 모든 여타 통화의 USD에 대한 스왑베이시스는 반대방향으로 다음과 같이 약식 산출한다.

$$\text{여타 통화의 swap basis} = (\text{USD 이자율} - \text{여타통화 이자율}) \times S \times \left(\frac{T}{360}\right)$$

한편 아래 그림과 같이 선물가격이 현물가격보다 높아 프리미엄 상태일 때 시장을 contango market이라고 하고, 반대로 선물가격이 디스카운트 상태일 때 시장을 backwardation market이라고 한다.

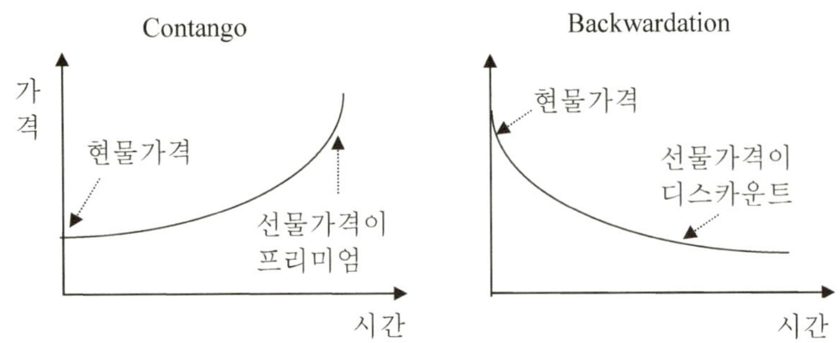

2.2 통화선물 계약은 어떻게 이루어지는가?

통화선물은 거래소에서 이루이지며 거래소가 매입자나 매도자의 거래상대 역할을 한다. 매입자와 매도자는 거래소 내 청산소에 증거금(margin)을 예치해야 한다. 증거금은 선물계약의 가치변동으로 발생하는 거래당사자의 잠재적 손실을 커버하도록 산출된다.

개시증거금(initial margin)은 계약금액의 작은 일부분인데 매일 일단위로 재계산된다. 다시 말해 거래당사자들은 증거금을 추가로 예치해야 할 수도 있고 청산소로부터 증거금을 추가로 수령할 수도 있다. 이 추가 증거금을 변동증거금(variation margin)이라고 한다. 이러한 증거금 유지시스템은 선물딜러와 거래소 모두에게 선물계약 가치의 일일변동 범위내로 신용리스크를 제한해주는 역할을 한다.

일단 선물계약을 매입하고 나면 만기까지 보유하거나 중간에 청산하거나에 관계없이 보유기간 동안에는 일일정산(marked-to-market)이 이루어진다. 매일 거래가 종료되고 나면 일일정산을 통해 증거금 계좌에 입출금이 이루어진다.

증거금을 기초로 한 거래는 레버리지(leverage) 또는 기어링(gearing)의 사례이다. 레버리지(기어링)는 투자자로 하여금 극히 일부분의 증거금을 기초로 거액의 거래를 할 수 있도록 한다. 이것은 이익이나 손실이 실제 투자금액에 비해 엄청나게 클 수 있음을 의미한다. 예를 들어 31,000의 증거금 지급으로 310,000의 선물포지션을 거래할 수 있다.

변동성이 심한 시장에서는 레버리지 때문에 투자자는 증거금 지급에 필요한 자금조달이 어려워져 파산할 수도 있다. 통화선물 거래절차는 다음 그림에 예시되어 있다.

- **거래일** : 매도자는 매입자에게 선물계약을 매도하고 양측은 청산소에 개시 증거금을 예치한다

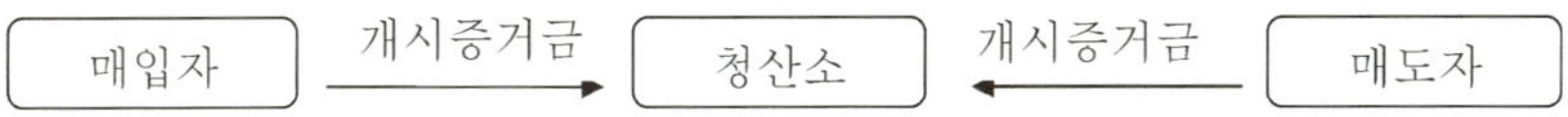

- **계약기간중** : 매도자와 매입자의 손익계정은 일별로 정산된다.

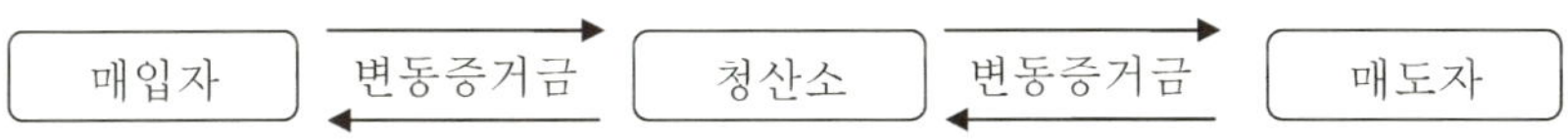

- **결제일** : 매도자와 매입자의 손익계정이 마지막으로 결제된다.

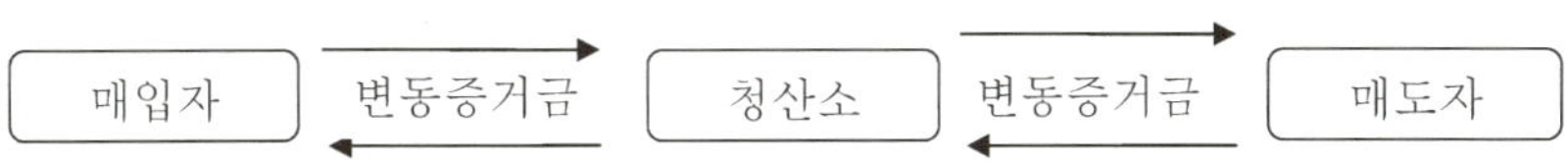

2.3 통화선물 계약의 손익

통화선물 계약의 손익은 다음 방법으로 손쉽게 계산할 수 있다.

통화선물 손익 = Number of ticks × Tick value × Number of contracts

가격 상승 또는 하락을 틱으로 계산한다.
틱에 틱 가치를 곱하고 계약단위수를 곱하면 통화선물 계약의 손익이 된다.

사례 1

12월 20일 Barclays은행의 딜러는 향후 3개월간 GBP가치가 상승할 것이라고 보고 1.5720의가격에 3월물 GBP 10계약을 매입하고 USD 10,000을 증거금으로 예치했다. GBP의 거래단위는 GBP 62,500이므로 이 딜러의 선물 포지션은 GBP 625,000가 된다. 계약기간 중 증거금계좌는 선물가격의 변동에 따라 일일정산이 이루어진다.

만약 딜러의 전망이 맞아서 2월 초에 선물포지션을 매각하면 이윤이 발생한다. 선물포지션을 1.5944의 가격에 매도하면 손익계산은 다음과 같다.

1. GBP의 최소가격 변동단위(Tick) = 0.0002 points

   Tick size = GBP 62,500×0.0002 points = USD 12.50

2. Tick 수 $= \left(\frac{1.5944 - 1.5720}{0.0002}\right) = 112$

3. 손익 = 112 × USD 12.50 × 10 = USD 14,000

2.4 통화선물을 이용한 헤지전략

Outright 거래

outright 거래는 딜러가 한 방향으로 long 포지션이나 short 포지션을 취하여 이익을 취하는 거래이다. 앞에서 본 사례 1의 거래가 전형적인 outright 거래로서 long 포지션을 취한 경우이다.

Spread 거래

spread 거래는 딜러가 관련된 계약을 동시에 매입/매도하여 투기적 이익을 취하는 거래이다. 두 선물 거래의 가격차이인 spread 변화를 이용하여 이익을 추구한다.

spread 거래는 두 가지 종류가 있다. 하나는 동일통화 spread 거래로서 동일 거래소에서 만기가 다른 동일통화 선물을 거래하는 것이다. 예를 들어 Eurodollar 3월물을 매입하고 6월물을 매도하는 방식이다. 동일통화 spread 거래는 time spread 또는 calendar spread라고도 불린다.

다른 하나는 이종통화 spread 거래로서 한 통화는 long 포지션을 취하고 다른 통화는 short 포지션을 취하는 거래이다. 예컨대 3월물 Eurodollar를 매입하고 6월물 Euroyen을 매도하는 방식이다.

spread 거래는 통상 long 포지션과 short 포지션의 가격이 함께 움직인다고 가정하고 이루어진다. 그런데 딜러가 이 관계가 무너진다고 예상하면 상대적으로 저평가된 계약을 매입하고 고평가된 계약을 매도한다. spread 거래는 상대적으로 마진이 낮기 때문에 outright 거래에 비해 리스크가 적다. 시장이 콘탱고인지 백워데이션인지에 따라 딜러의 거래전략은 다음과 같이 요약된다.

딜러의 예상	Contango 상황 근월물<원월물 가격	Backwardation 상황 근월물>원월물 가격
베이시스 축소 예상	근월물(near month) 매입 원월물(far month) 매도	근월물(near month) 매도 원월물(far month) 매입
베이시스 확대 예상	근월물(near month) 매도 원월물(far month) 매입	근월물(near month) 매입 원월물(far month) 매도

Arbitrage 거래

arbitrage 거래는 두 가지가 있다. Futures-Futures arbitrage는 딜러가 두 거래소, 예컨대 CME와 EUREX 사이의 가격차이를 이용해서 차익을 취하는 거래이고, Cash-and Carry arbitrage는 지금 선물을 매입하고 장래에 매도하여 차익을 취하는 거래이다.

Off-Setting 거래

만기가 다가오면 선물가격은 현물가격에 접근하고 베이시스나 스프레드는 영에 접근한다. 만기일에는 이 두 가격이 같아진다. 이 때문에 대부분의 선물거래는 만기일 이전에 반대매매로 청산된다. 기존 포지션을 반대매매로 청산하면 이를 off-setting 거래라고 한다.

제8장 통화스왑 거래(Currency Swaps)

통화스왑 거래(Currency Swaps)는 두 당사자가 외화대출의 이자지급을 상호 교환하기로 하는 장외거래(OTC)이다. 만기일까지 정해진 장래 날짜에 한 통화의 이자지급과 다른 통화의 이자지급을 교환한다.
통화스왑은 본질적으로 현물환 거래와 일련의 선물환 거래를 동시에 체결하는 것이다. 통상 통화스왑의 만기는 최소 1년 이상이다.

- 현물환율로 원금 교환: 통화스왑 계약의 시작은 양측이 합의한 현물환율로 원금을 교환한다.
- 이자지급의 교환: 계약기간 중에는 합의된 날짜에 일련의 이자지급을 서로 교환한다. 고정-고정 스왑의 경우 양측은 원금에 따른 고정이자를 계약 시 합의한 이율로 교환한다
- 원금의 재교환: 통화선물 계약 만기가 되면 최초 적용했던 현물환율로 원금이 다시 교환된다. 그 동안 여러 해가 경과하여 현물환율이 크게 변하더라도 다시 교환하는 원금은 변하지 않는다. 따라서 어느 쪽에게도 불리하지 않다.

통화스왑 거래를 통해 양 당사자는 환율 변동이나 차입 코스트 변동의 효과를 상쇄할 수 있다. 통화스왑은 금리스왑과 매우 유사하지만 두 개의 통화가 수반되는 점에서 차이가 있다. 통화스왑은 차입자나 대출자가 특정 통화표시 대출을 다른 통화표시 대출로 환위험 없이 맞바꿀 수 있도록 해준다. 단 통화스왑은 만기까지 유지될 경우에만 환위험이 발생하지 않는다.

1. 외환스왑과 통화스왑의 비교

외환스왑에서 두 통화의 이자율차이는 두 번째 결제일에 적용될 선물환 포인트에 반영된다. 그러나 통화스왑에서는 두 통화의 이자율차이가 계약기간 중 매 이자지급 시점에 지급된다. 따라서 원금은 당초의 현물환율로 OTC계약의 처음과 마지막에 교환된다.

세계시장에서 통화스왑은 OTC 계약잔고 및 일일 거래액 기준으로 금리스왑(IRSs) 다음으로 중요하다. 국제결제은행(Bank for International Settlement: BIS)자료를 보면 2013년 하반기 시장가치 기준으로 금리스왑은 12조 9,190억 달러, 통화스왑은 1조 1,860억 달러에 달한다.

2. 통화스왑의 이용

사례 1

일본기업 A는 5년간 1억 달러(USD 100 Million)를 차입해야 한다. A는 일본 국내에서라면 JPY를 5년간 고정금리 3.25%로 차입할 수 있지만 USD 차입비용은 LIBOR+0.25%이다. 현재 엔/달러 현물환율은 USD/JPY 110.00이고 1억 달러는 110억 엔이다.

미국은행 B는 1억 달러 상당의 엔화(110억 엔)를 필요로 한다. B는 미래 자금흐름 소요를 미리 알기 위해 고정금리 차입을 선호한다. B는 미국 내 시장에서 달러를 LIBOR 금리에 가산금리 없이 차입할 수 있지만 엔화는 고정금리 3.5%를 부담해야 한다.

일본기업 A와 미국은행 B는 각자가 자국 시장에서 유리한 조건으로 차입을 하고 이를 교환하기로 합의한다. 양측의 신용도가 동일하다면 통화스왑을 통해 얻는 이익은 양측에 거의 동일하게 배분된다.

이자율	일본 A의 차입조건	미국 B의 차입조건
고정 JPY 변동 USD	3.25% LIBOR+0.25%	3.50% LIBOR
차입조건	고정차입 유리	변동차입 유리

앞의 사례에서 양측이 필요한 대출을 얻기 위해 양측은 통화스왑을 체결해야 한다. 양측은 상대방이 채무불이행 시 수반되는 위험을 평가해야 한다. 만약 한 쪽이 채무불이행 상태가 되어 이자지급을 하지 못해도 이자를 받지 못한 다른 쪽은 여전히 그 이자를 지급해야 한다. 통화스왑이 작동하는 방식은 다음 그림과 같다.

① 원금 교환

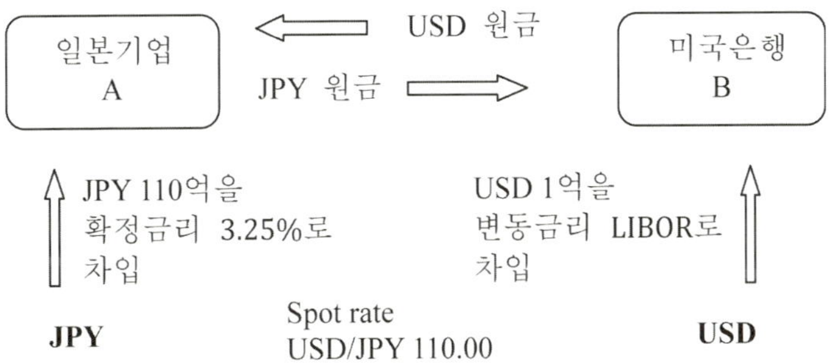

② 이자지급 교환

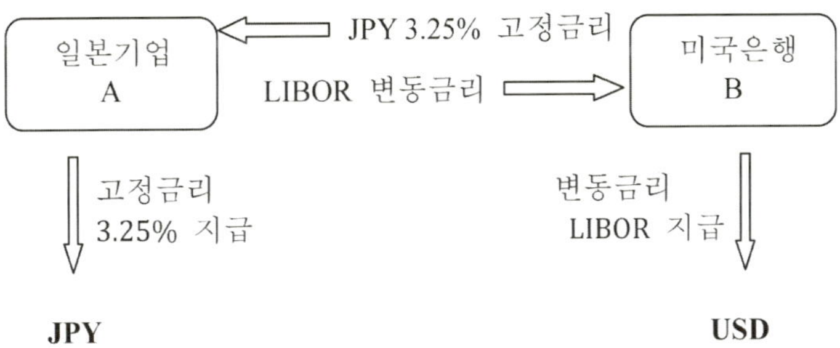

③ 5년 후 원금 재교환

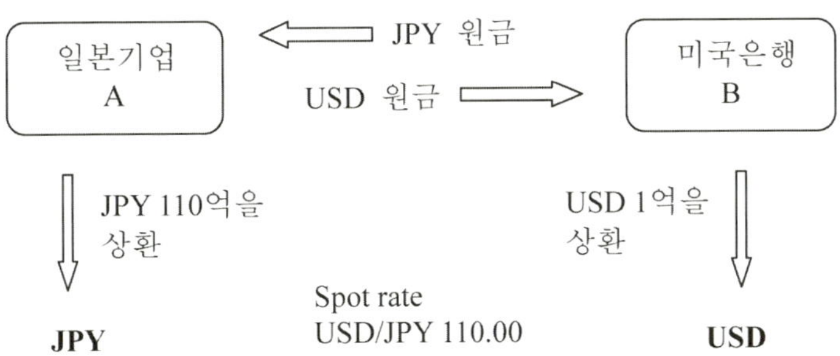

통화스왑의 결과 양측이 얻는 혜택은 다음과 같다. 이 사례에서 일본기업 A와 미국은행 B는 신용도가 동일하기 때문에 동일한 혜택을 받는다. 만약 양측의 신용도가 다를 경우 신용도가 높은 쪽에 더 많은 혜택이 돌아갈 것이다.

	일본기업 A	미국은행 B
지급 수령	-(LIBOR+3.25%) 3.25%	-(3.25%+LIBOR) LIBOR
순 지급	LIBOR	3.25%
통화스왑 없는 경우	LIBOR+0.25%	3.50%
혜택	0.25%	0.25%

시장조성자

대부분의 오늘날 통화스왑 계약은 통화스왑을 하려는 두 고객 사이에서 직접 이루어질 필요는 없고 시장조성자(market-maker)를 사이에 두고 이루어진다. 예를 들어 거래 당사자 일방이나 쌍방이 모두 직접적인 통화스왑에 따르는 신용위험을 받아들이지 않는 경우가 있다. 이 경우 은행은 쌍방향 시장조성자 역할을 수행함으로써 양측 모두와 스왑계약을 체결하는 중개자 역할을 수행한다. 이 경우 은행의 중개역할에 대해서는 수수료가 지급되는데, 이는 거래원금을 기준으로 하거나 양방향 스왑가격 차이(스왑레이트)를 기준으로 하거나 둘 다를 기준으로 하여 책정된다.

시장조성자는 원금교환을 맷치하기 위해 기초자산을 보유하지는 않기 때문에 보통 제3자와 상쇄하는 계약을 체결한다. 그렇게 통화스왑을 맷치함으로써 이자율 및 환율 위험을 관리한다. 상쇄하는 계약의 조건이 원래 통화스왑 계약을 정확히 매치하면 위험은 제거된다. 그러나 상쇄하는 계약에서 여전이 양측에 신용위험은 제거되지 않고 남는다.

은행은 현재의 현물환율에서 USD 6개월물 LIBOR 금리에 대한 이자율로 스왑레이트를 고시한다. 스왑레이트는 여러 종류의 통화에 대해 bid와 ask로 고시된다. 예를 들어 GBP에 대한 은행의 스왑레이트 고시는 다음 표와 유사한 형태이다.

Maturity	Bid	Ask
2Y	6.71	6.75
3Y	7.17	7.21
4Y	7.48	7.52
5Y	7.68	7.72
7Y	7.96	8.00
10Y	8.26	8.30

그런데 이 스왑레이트는 무엇을 의미하는가? 예를 들어 은행은 현물환율로 4년 동안 다음 조건으로 스왑거래를 하려고 한다.

- 이 은행은 GBP에 대해 7.52%의 고정 ask price를 수취하고 USD에 대해 변동 6개월물 LIBOR를 지급한다.
- 은행은 GBP에 대해 7.48%의 bid price를 지급하고 USD에 대해 변동 6개월물 LIBOR를 수취한다.

두 개의 상쇄되는 통화스왑을 맷칭함으로써 시장조성자는 더블 스왑의 중심에 위치하게 된다. 미국에서(영국에서도) 스왑레이트는 비교 가능한 만기별로 국채(Treasury-Note) 수익률 기준으로 고시된다. 예를 들어 시장조성자는 8% 수익률의 5년 만기 T-Bond를 기초로 한 스왑에 대해 70/75 over라고 고시한다. 이것은 시장조성자가 8.70%를 지급하고 8.75%를 수취하겠다는 의사표시이다. 통화스왑을 비교할 때 일관된 기준으로 상품을 평가하는 것이 중요하다. 그래야 시장참여자들은 같은 조건의 상품을 비교할 수 있다.

3. 시장에서의 통화스왑 거래

여기서는 통화스왑과 관련하여 꼭 알아야 할 중요한 내용들을 다룬다.

3.1 스왑의 차이

앞에서 언급한 네 가지 형태의 스왑은 어떤 차이가 있는지 좀 더 자세히 살펴보자

가격표시 조건

특히 미국시장에서는 다양한 고정 및 변동 금리 이자지급 방식과 이자지급 시기를 약정할 수 있다. 따라서 아래의 조건을 다양하게 결합함으로써 다양한 스왑이 가능해진다.

조건	고정 금리	변동 금리
금리 표시방법	• 절대 수준 • 국채 금리에 대한 스프레드	• 모든 LIBOR • 프라임 레이트 • CD, CP 또는 T-Bill
이자지급 시기	• 분기별 • 반기별 • 연도별	• 정기적 • 부정기적
기초자산	• 유로본드 • T-Bond • 단기금융상품(MMI)	• 채권 • 단기금융상품(MMI)

기초자산

여러 다른 통화에 대한 스왑레이트를 산정할 때 사용되는 기초자산은 다양하다. 예를 들어 USD 스왑은 통상 반기별 이자지급식 국채금리에 대한 스프레드로 표시된다. 아래 표는 주요 통화에 사용되는 다양한 기초자산과 이자지급 날짜 산정방식을 보여준다.

통화	표시 방식	쿠폰	날짜 계산
USD	T-Bond에 대한 스프레드	반기별	ACT/Actl
CHF	고정금리 유로본드	연도별	30/360
GBP	Gilt에 대한 스프레드	반기별	ACT/365
JPY	고정금리 국채	반기별	ACT/365

이자지급 주기

스왑레이트를 공평하게 비교하기 위해 연간 지급률을 반기 별로 또는 그 반대로 환산할 필요가 있다.

아래의 표는 수익률 또는 스왑레이트를 기간별로 환산하는 공식을 보여준다.

From	To	사용 공식
반기별 R_S	연도별 R_A	$R_A = \left[\left(1+\frac{R_S}{2}\right)^2\right] - 1$
연도별 R_A	반기별 R_S	$R_S = 2 \times \left[\sqrt{1+R_A} - 1\right]$

날짜 계산

이자지급 계산에 사용되는 날짜의 분모에 따라서도 스왑레이트를 변환할 필요가 발생하는데 이는 특히 유사한 스왑을 비교하거나 스왑가치를 평가하기 위해 필요하다. 아래 표는 여러 상이한 날짜 계산을 변환하는 여러 가지 방식을 보여준다.

From	To	사용 공식
30/360 or ACT/365	ACT/360	수익률 $\times \frac{360}{365}$
ACT/360	30/360 or ACT/365	수익률 $\times \frac{365}{360}$
ACT/365	30/360	조정하지 않음
30/360	ACT/365	조정하지 않음

3.2 스왑 스프레드

금리 추이는 기초자산 수익률 곡선에 추가되는 스왑 스프레드의 변동을 야기한다. 만약 금리가 하락할 것으로 예상되면 많은 고정금리 채권발행자(차입자)들은 변동금리를 지급하고 고정금리를 수취하려는 쪽으로 스왑거래를 한다. 따라서 스왑 스프레드는 축소된다. 반대로 금리가 상승할 것으로 예상되면 많은 차입자들은 고정금리로 지급하는 스왑거래를 원하고 고정금리 수취하는 거래는 하려하지 않기 때문에 스왑 스프레드가 확대된다.

스왑 스프레드에 영향을 주는 또 다른 요인은 신용위험이다. 스왑거래에서 시장참여자와 시장조성자는 서로 상대의 위험을 부담한다. 만약 한 쪽이 지급의무를 지키지 못하면 다른 쪽은 원하지 않았던 이자지급 위험을 떠안는다.

통화스왑에서는 고정 및 변동금리 지급이 이루어지기 때문에 손실 위험은 장래 변동금리의 기준, 예컨대 LIBOR 등의 변동성을 감안해야 한다.

3.3 스왑 가격결정

스왑레이트는 본질적으로 장래 금리의 현재가치를 나타내는 지표이다. 고정 스왑레이트는 FRA에 의해 예측되는 것처럼 계약기간에 걸친 변동금리의 평균이다.

기업 ZZZ와 은행 AAA가 6월 1일에 5년간 1억 달러와 1억7000만 스위스프랑을 고정지급-변동수취 통화스왑 거래를 한다고 하자. 현물환율은 USD/CHF = 1.7000이다. 매 6개월마다 ZZZ는 AAA에 6.00%의 CHF 고정금리를 지급하고, 그 대가로 AAA는 ZZZ에 LIBOR 변동금리를 지급한다.

그 스왑거래의 현물환율은 6월 1일자 환율이므로 최초의 이자지급은 12월 1일에 이루어진다. 12월 1일에 지급해야 할 이자금액은 이미 6월 1일에 알려져 있다. 어떻게 그러한가? 6월 1일의 LIBOR 금리가 6개월 후 지급할(최초 이자지급) 변동금리로서 이미 확정되기 때문이다. 마찬가지로 12월 1일의 LIBOR 금리는 다음 6개월 후(두 번째 이자지급)에 적용할 금리로 확정된다. 이런 과정이 만기가 되는 5년까지 계속되는 것이다.

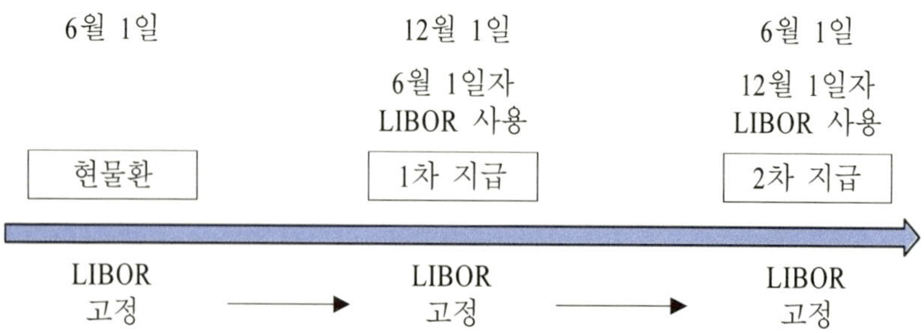

이러한 고정-변동 스왑거래의 가격결정 방식을 보면 고정금리 측에서는 가상의 고정금리채로부터 일련의 이자지급이 발생하고, 변동금리 측에서는 가상의 변동금리채로부터 일련의 이자지급이 발생하는 거래로 생각할 수 있다.

고정금리채(straight bond)로부터의 이자지급

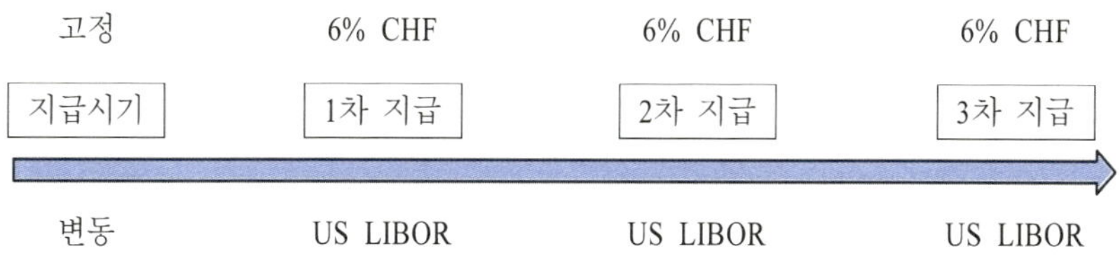

변동금리채(floating rate note)로부터의 이자지급

고정금리 측의 현재가치는 통상적인 고정금리채 평가공식을 이용하여 계산할 수 있다. 액면가가 \$100이고 이자는 매년 지급할 때 현재가치는 다음 식 (1)로 계산된다.

$$\text{현재가치(PV)} = \frac{C}{1+R} + \frac{C}{(1+R)^2} + \cdots \frac{(C+100)}{(1+R)^n} \qquad (1)$$

C = 표면 금리
R = 소수점으로 표시한 할인률 또는 스왑레이트
n = 만기까지의 년 수

변동금리 측의 현재가치는 상품의 현재가치와 미래가치 사이의 더 직접적인 관계를 이용하여 식 (2)와 같이 계산할 수 있다.

$$\text{현재가치(PV)} = \frac{\text{미래가치(FV)}}{1+R} = \frac{\text{원금+ 이자}}{1+R} \qquad (2)$$

R = 소수점으로 표시한 할인률 또는 LIBOR 금리

현물수익률곡선(spot curve)을 이용한 스왑가격 결정

만기수익률곡선은 만기까지 채권의 만기수익률 가치를 그래프로 표시한 것이다. 그러나 이것은 수익률에 대한 단순화된 견해이며, 따라서 만기까지 현물금리(spot rate) 그래프를 사용하는 것이 더 좋다. 현물금리 그래프는 매 시점에서 다양한 시장요인을 고려한 상품의 만기수익률 측정치이다. 만기까지의 현물금리 그래프는 현물수익률곡선(spot curve) 또는 무이표채권수익률곡선(zero coupon yield curve)으로 알려져 있다. 이것은 금융상품의 현물금리가 무이표채권수익률과 일치하기 때문이다. 이 때문에 다양한 잔존만기를 가진 일련의 무이표채권수익률, 즉 현물금리끼리 바로 직접비교가 가능해진다.

무이표채권수익률은 더 긴 만기에 대한 할인율로 생각할 수 있다. 이 수익률곡선은 투자수익률과 잔존만기(통상 년으로 측정) 사이의 관계를 나타낸다. 수익률곡선의 형태에 따라 상승형 또는 하강형 수익률곡선으로 불린다.

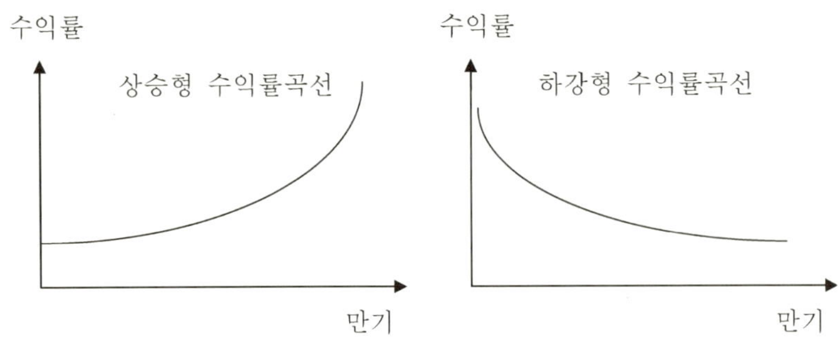

상승형 수익률곡선(positive yield curve)

이 경우에는 단기금리가 장기금리보다 낮다. 따라서 투자기간이 길수록 수익률은 높은 경우이다.

하강형 수익률곡선(negative or inverse curve)

단기금리가 하락하면 투자자들은 장기 상품으로 투자를 이동하여 고수익을 얻고자 한다. 이러한 장기자금의 공급증가는 장기금리 하락을 유발한다.

그러면 스왑가격은 어떻게 결정되는가? 다음 사례는 간단하지만 1년 만기 통화스왑에 대한 전과정을 설명해준다.

사례 2

고정지급-변동수취 통화스왑 금리

은행 AAA는 1년 만기 통화스왑 금리를 결정하려고 하는데 고정금리는 지급하고 변동금리로 6개월 LIBOR금리를 수취하려고 한다. 변동금리는 LIBOR수익률곡선으로부터 이미 알려져 있는데 고정금리 측은 얼마를 책정해야 하는가?

LIBOR수익률곡선		
6개월	12개월	18개월
9.00%	9.50%	10.00%

만약 2회의 변동금리 지급액의 순 현재가치가 고정금리 측의 이자지급액과 같다면 통화스왑의 손익은 영이다. 통화스왑의 시작 단계에서 1회차 6개월 LIBOR금리는 알려져 있고 9.00%이다. 2회차 6개월 LIBOR금리는 LIBOR수익률곡선에서 유추할 수 있다.

$1을 LIBOR금리 9.00%에 6개월간 투자하면 수익은 $0.045이다. 따라서 투자금액 $1은 6개월 후 $1.045가 된다. 12개월 LIBOR금리는 9.50%이다. 따라서 투자금 $1.045가 6개월 후 $1.095가 되려면 2회차 6개월 LIBOR금리는 얼마가 되어야 하는가?

이는 본문의 식 (2)를 이용하여 계산할 수 있다.

$$\text{현재가치(PV)} = \frac{\text{미래가치(FV)}}{1+R} = \frac{\text{원금 + 이자}}{1+R}$$

$$1.045 = \frac{1.095}{1+R}$$

$$R = \frac{1.095}{1.045} - 1 = 0.04785$$

따라서 2회차 6개월 LIBOR금리는 연율로 2×0.04785=0.0957, 즉 9.57%이다. 이것이 수익률곡선으로부터 도출한 2회차 6개월물 예상금리이다. 다시 말해서 9.57% 금리로 투자한 $1.045는 6개월 후 $1.095가 되는 것이다.

따라서 2회에 걸쳐 지급할 변동금리는 9.00%와 9.57%이다.

이 변동금리를 손익분기점과 등치시키면 고정금리를 계산하는데 이용할 수 있다. 이를 위해 이자지급 흐름을 현재가치로 할인한다. 가상의 통화스왑 원금을 $1이라고 하자. 본문의 식 (1)을 이용하여 2회에 걸친 변동금리 이자지급액의 현재가치를 계산할 수 있다.

$$\text{현재가치(PV)} = \frac{C}{1+R}$$

$$\text{1회차 이자지급 PV1} = \frac{C}{1+R} = \frac{0.045}{1+0.090/2} = \$0.043062$$

$$\text{2회차 이자지급 PV2} = \frac{C}{1+R} = \frac{0.04785}{1+0.095} = \$0.043699$$

$$\text{총 이자지급액} = \$0.043062 + \$0.043699 = \$0.086761$$

식(1)을 이용하면 방금 위에서 계산한 변동금리 지급액의 현재가치에 대한 고정금리를 계산할 수 있다. 이제 C를 고정금리라고 하면

$$\text{현재가치(PV)} = \frac{C/2}{1+R} + \frac{C/2}{1+R}$$

1회차 고정금리 지급 2회차 고정금리 지급

$$0.086761 = \frac{C/2}{1+0.090/2} + \frac{C/2}{1+0.095}$$

$$0.086761 = \frac{C}{2}\left(\frac{1}{1+0.090/2} + \frac{1}{1+0.095}\right)$$

$$0.086761 = \frac{C}{2}(0.9569 + 0.9132)$$

$$C = 2 \times \left(\frac{0.086761}{1.87012}\right) = 0.0928$$

이상은 고정금리 9.28%가 변동금리 1차 6개월 9.00%와 2차 6개월 9.57%에 상응한다는 것을 보여준다. 여기서 계산한 고정금리 9.28%가 스왑레이트이다. 이익을 보장하기 위해서 고정지급-변동수취를 원하는 은행 AAA의 스왑레이트 offer금리는 9.28%보다 낮아야 할 것이다.

제9장 통화옵션 거래(Currency Options)

통화옵션 거래(Currency Options)는 옵션의 매입자가 프리미엄을 주고 정해진 외환상품을 만기일에 정해진 환율인 행사가격으로 사거나 팔 수 있는 권리(의무가 아님)를 매입하는 거래이다.

콜옵션은 기초자산을 살 수 있는 권리이고, 풋옵션은 기초자산을 팔 수 있는 권리이다. 기초자산을 실제로 매매하면 옵션을 행사한다고 부른다.

미국식옵션은 만기일이나 만기일 이전에 행사할 수 있고, 유럽식옵션은 만기일에만 행사할 수 있다.

통상 통화옵션은 현물환을 기초자산으로 한다.

	콜옵션(Call option)	풋옵션(Put option)
매입자/보유자	매입할 권리	매도할 권리
매도자/발행자	콜옵션 보유자가 상품을 매입하기로 결정하면 당해 상품을 매도해야 할 의무	풋옵션 보유자가 상품을 매도하기로 결정하면 당해 상품을 매입해야 할 의무

옵션은 두 가지 다른 방법으로도 정의된다. 미국식(American)옵션은 정해진 가격에 만기 또는 그 이전이라도 정해진 금액의 기초상품을 매매할 수 있는 권리를 옵션 매입자에게 부여한다. 유럽식(European)옵션은 만기일에만 위의 권리를 행사할 수 있다.

통화옵션은 현물과 선물 모두 거래 가능하며, 장외에서도 거래되고, 필라델피아거래소, 시카고상품거래소, 프랑스국제선물거래소 등과 같은 거래소에서 공개호가방식이나 자동매매시스템으로도 거래된다. 통화옵션 프리미엄(옵션가격)은 선물환율과 환율변동성에 의해 영향을 받는다. 통화옵션은 환율의 불리한 변동에 대한 보험성격을 지닌다.

장외 통화옵션 거래액은 2013년 기준 약 2,700억 달러이며, 주로 소수의 대규모은행과 투자은행들이 거래한다. 이들은 사내 또는 제3자 컴퓨터 소프트웨어를 사용하여 글로벌 회계의 외환옵션 리스크 포지션을 관리한다.

서로 다른 종류의 옵션에 대한 권리와 의무관계가 다음 그림에 요약되어 있다. 통화옵션 사례를 고려할 때 참고하기에 유용한 그림이다.

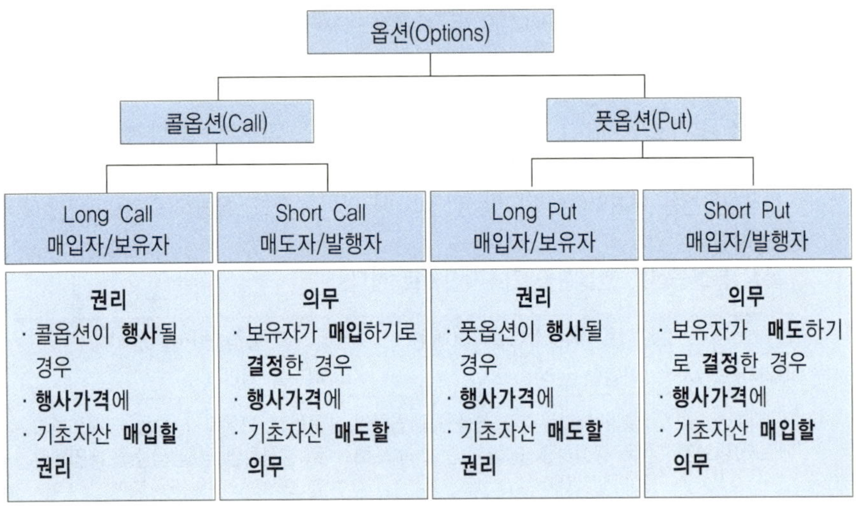

1. 통화옵션 거래(Currency Options) 개요

통화옵션 거래는 환위험을 헤지하기 위해 사용되는 금융 파생상품이다. 이 거래는 특히 수출입 업무를 하는 기관들에 유용하다. 통화옵션은 현물 및 통화 선물계약 모두를 대상으로 이루어지며 장외 및 전세계 거래소에서 거래된다. 아래 그림은 어디에서 어떤 통화옵션 거래를 할 수 있는지 보여준다.

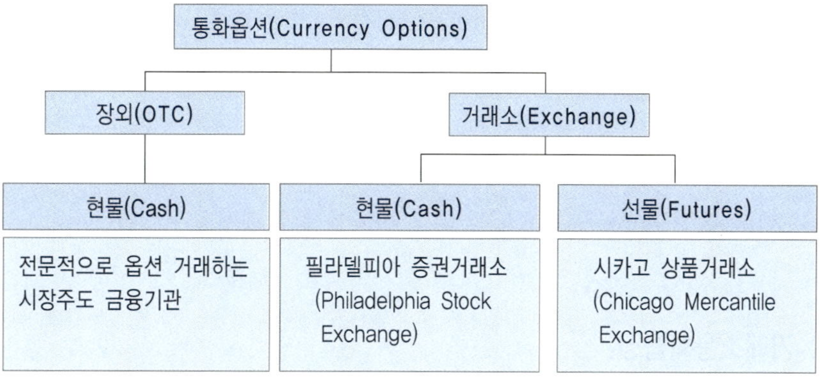

통화옵션은 1980년대에 최초로 거래소에서 거래되었다. 많은 거래소가 통화옵션을 상장했지만, 거래규모를 기준으로 두 거래소가 가장 중요하다.

- 필라델피아 증권거래소(PHLX)에서 거래되는 현물 통화옵션
- 시카고상업거래소(CME)의 하부기관인 지수옵션시장(Index-Option Market: IOM)에서 거래되는 IMM 통화선물옵션

거래소의 통화옵션 거래가 더 다양하고 활기차지만 일 거래규모로 보면 장외(OTC)에서 거래되는 통화옵션 규모가 거래소 거래보다 훨씬 더 크다. 통화옵션의 경우 장외 거래가 시장의 약 90%를 차지한다.

1.1 장외 통화옵션

장외시장 통화옵션은 전문적으로 통화옵션을 거래하는 많은 시장주도 금융기관이 제공한다. 거래금액, 통화, 행사가격, 만기 등을 고객의 요구에 맞게 다양하게 맞출 수 있다. 장외 통화옵션 거래는

- 거래당사자간 직접 거래되거나 브로커를 경유하여 거래된다
- 완전히 융통성 있게 거래된다. 예컨대 거래당사자는 협의를 통해 어떤 날짜로도 만기를 정할 수 있다. 통상 장외 통화옵션 거래의 만기는 6개월 이

내이다. 아주 분주한 시장에서는 어느 정도 거래 표준화가 되어 있지만 세부상항은 거래당사자의 협의를 통해 자유롭게 결정할 수 있다.

- 증거금 지급이 불필요하다.
- 적당한 규모로 고시된다(quoted for good sized contracts)
- 유럽식 옵션(European style)으로서 만기일에만 행사할 수 있다.

1.2 거래소통화옵션

거래소에서 거래되는 통화옵션의 기초자산은 정해진 금액의 현물통화이거나 그에 상당하는 통화선물 계약이다. 거래소에서 거래되는 통화옵션은 다음 보건에서 표준화되어 있다.

- 기초자산과 거래금액
- 행사가격-일반적으로 거래소들은 내가격(in-the-money), 등가격(at-the-money), 외가격(out-of-the-money) 등 다양한 범위의 행사가격을 보유하려고 한다.
- 만기일
- 대부분 미국식옵션(American style)으로서 만기일 이전에도 행사할 수 있다.
- 프리미엄 호가-대부분의 통화옵션은 가격표시가 간접표시 환율이다. 이는 외환시장에서의 직접표시 환율과 반대이다.
- 청산소에 증거금을 지급해야 한다.

비록 현물옵션과 선물옵션이 다르지만 실제로는 양자가 밀접한 관련이 있다. 선물옵션은 미국식옵션이며, 옵션 만기가 아니라 기초자산 선물계약이 만기가 되는 달로 이름을 부른다. 선물옵션을 만기까지 보유하면 현물옵션과 유사한 결제로 끝난다. 만기일에 선물가격은 현물가격과 같기 때문이다. 아래의 사례는 여타통화의 USD에 대한 통화옵션 사례이다.

현물옵션	매입자/보유자의 권리	매도자/발행자의 의무
콜(Call)	여타통화 매입 USD 매도	여타통화 매도 USD 매입
풋(Put)	여타 통화 매도 USD 매입	여타 통화 매입 USD 매도

선물옵션	매입자/보유자의 권리	매도자/발행자의 의무
콜(Call)	선물계약 매입 Go long	선물계약 매도 Go short
풋(Put)	선물계약 매도 Go short	선물계약 매입 Go long

1.3 거래소계약

현물 통화옵션은 주로 필라델피아증권거래소(PHLX)에서 거래된다. 대부분의 옵션거래는 USD 거래이지만 일부는 크로스커런시 거래도 있다. 선물옵션은 주로 시카고상업거래소(CME)의 한 부서인 지수옵션거래소(IOM)에서 IMM 통화선물계약을 대상으로 이루어진다. 아래 표는 다양한 통화옵션을 보여준다.

필라델피아증권거래소(Philadelphia Stock Exchange)	
현물옵션 USD거래	거래단위
Pound Sterling	GBP 31,250
Japanese Yen	JPY 6,250,000
Swiss Franc	CHF 62,500
Australian Dollar	AUD 50,000
Canadian Dollar	CAD 50,000

시카고상업거래소(Chicago Mercantile Exchange) - IOM	
IMM 통화선물옵션 USD거래	거래단위
Pound Sterling	GBP 62,500
Japanese Yen	JPY 12,500,000
Swiss Franc	CHF 125,000
Australian Dollar	AUD 100,000

1.4 전형적인 계약의 세부사항

옵션계약의 세부사항은 거래형태와 거래소마다 다르다. 그러나 아래 표는 IMM계약과 PHLX계약의 사례로서 전형적인 계약 세부사항을 보여준다.

IMM의 파운드화 선물옵션			현물옵션	
기초계약	GBP 선물계약 1단위 (GBP 62,500)	표준 계약단위	기초계약	**GBP 31,250**
행사가격	$0.01 간격	행사가격 공표 간격	행사가격	**$0.01 간격**
프리미엄 호가	US Cents per GBP	간접표시 환율	프리미엄 호가	**US Cents per GBP**
최소가격변동 (Tick)	0.0002 ($12.50)	계약금액 가치변동의 최소단위	최소가격변동 (Tick)	**$0.01**
계약만기	연중 매주	선물계약 월의 거래사이클을 따라 옵션계약 명명	계약만기	**월중/월말 등 다양한 만기**
행사방법	미국식	유럽식은 만기에 미국식은 만기 전에도 행사가능	행사방법	미국식 또는 유럽식

2. 통화옵션 이용자

2.1 은행과 기업고객

선물환계약은 장래 환율에 대해 오늘 매매환율을 고정시키는데 사용될 수 있다. 통화옵션은 동일한 기회를 제공하지만 콜/풋 옵션 매입자에게 계약기간 중 발생할 수 있는 환율의 유리한 변동을 이용할 수 있게 해준다.

옵션 매입자의 행사권리는 옵션 매도자에게 프리미엄을 주고 산 것이다. 이 프리미엄 비용은 선불로 지급하는데(현물환 결제일에) 옵션 매입자는 옵션을 매입할지 아니면 선물환을 매입할지를 결정할 때 이 프리미엄 비용을 고려해서 결정한다.

전문적인 옵션시장에서 딜러들은 보유 포지션을 헤지하거나 투기거래를 하기 위해 다양한 형태의 합성옵션을 사용한다.

2.2 수출입업자

통화옵션은 국제입찰에 참여하는 기관에 특히 유용하다. 만약 입찰이 성공해서 상품 및 서비스 대금을 외화로 수령하는 경우 그러하다. 만약 입찰과 그 성사여부를 알 때까지 오랜 시간이 걸리는 경우 환율변동이 딜러의 수익성에 상당한 충격을 줄 수 있다. 통화옵션은 그러한 입찰에 환위험을 헤지하는데 유용하게 사용될 수 있다.

예를 들어 영국 수출기업이 해외에서 USD로 수령하는 서비스 입찰에 참여했는데 입찰 결과는 6개월 후에 결정된다. 이 입찰을 헤지하기 위해 수출기업은 GBP 콜옵션 1단위를 은행 ZZZ로부터 매입한다. 이 수출기업은 옵션 매입으로 만기일에 은행으로부터 GBP를 매입할 권리(USD를 매도할 권리)를 보유하게 되었다.

이 수출기업은 은행 ZZZ에 옵션 프리미엄을 지급하고 콜옵션을 매입했다. 합의된 행사가격은 1.6000이며 1단위 콜옵션 £31,250의 금액은 $50,000이다(1.6000×£31,250). 6개월 후에는 입찰의 성패와 현물환율 추이 등에 따라 여러가지 결과가 초래될 수 있다. 이 결과가 아래 표에 요약되어 있다.

입찰결과	GBP/USD 환율	결과
입찰 성공	GBP가치상승/ USD가치하락 Spot = 1.7000	GBP를 1.6000에 살 수 있는 콜옵션을 행사한다. 왜냐하면 현물시장에서 £31,250의 가치가 $53,125로 유리하기 때문이다.
입찰 성공	GBP가치하락/ USD가치상승 Spot = 1.5000	콜옵션이 만료되도록 포기한다. 왜냐하면 현물시장에서 £31,250의 가치가 $46,875로 불리하기 때문이다.
입찰 실패	GBP가치상승/ USD가치하락 Spot = 1.7000	GBP를 살 필요는 없지만 옵션을 행사하여 1.6000의 가격에 매입하고 현물시장에서 1.7000에 매도하여 이익을 취한다.
입찰 실패	GBP가치하락/ USD가치상승 Spot = 1.5000	콜옵션이 만료되도록 포기한다. 유일한 비용은 이미 지급한 콜옵션 프리미엄이다.

3. 시장에서의 통화옵션 거래

3.1 거래소옵션의 호가

통화옵션의 호가는 *Financial Times*와 *The Wall Street Journal*같은 금융신문과 Reuters Money 3000같은 수단을 통해 제공된다. 호가정보는 아래 사례와 유사한 스타일로 제공된다.

금융신문–현물옵션

Philadelphia SE £/$ options £31,250 (cents per pound)

프리미엄 호가는 간접표시환율 (American)

Strik Price	Calls			Puts		
	Mar	Apr	May	Mar	Apr	May
1.580	1.60	2.52	3.27	-	0.94	1.77
1.590	0.72	1.96	2.71	0.08	1.32	2.20
1.600	0.16	1.35	2.26	0.56	1.84	2.66

행사가격 간격은 0.01

선물계약의 행사 월

사례 1

위 신문의 가격정보를 이용하여 옵션계약의 USD금액과 옵션 프리미엄 비용을 계산할 수 있다.

1. 옵션계약의 USD금액
   USD금액 = 행사가격×거래단위(1.6000×£31,250 = $50,000)

   USD 표시 GBP 풋옵션의 행사가격이 1.6000이라면 풋옵션 1계약 보유자는 이를 $50,000에 매도할 수 있다.

2. 옵션 프리미엄 가격
   옵션 프리미엄 =USD표시 프리미엄 호가×거래단위
   ($0.0135×31,250 = $421.88)

   Apr 1.6000 GBP Call의 USD 표시 옵션 프리미엄 호가가 GBP당 1.35 US cents로 고시되었으므로 옵션 프리미엄 비용은 $421.88 (= $0.0135 ×31,250)이다.

3.2 장외(OTC)옵션의 호가

통화옵션의 가격은 아래 열거된 여러 요소들에 의해 결정된다. 옵션거래의 시장조성기관들은 아래 다섯 가지 요소에 기초하여 Black-Sholes 옵션가격모형의Garman-Kohlhagen 버전으로 옵션가격을 계산한다.

1. 기초자산 통화의 현물환율
2. 행사가격
3. 만기까지의 잔존기간
4. 거래대상 두 통화의 무위험 이자율
5. 거래대상 두 통화의 환율변동성

위의 요소들 가운데 유일하게 가격변동성에 대해서 시장조성기관들은 정확한 값을 알지 못한다. 그렇다면 환율변동성이란 무엇인가? 환율변동성은 한 통화의 다른 통화에 대한 가격변동의 정도이다. 옵션가격 결정의 일차적 초점은 옵션기간에 걸쳐 현물환율 변동성을 정확하게 예측하는 것이다. 예측이 정확하면 정확할수록 시장주도 기관들의 이익기회는 많아지고 손실기회는 적어진다. 그러나 최근에 옵션거래와 관련하여 은행들이 경험한 손실을 보면 잘못되기가 얼마나 쉬운가를 보여주기도 한다.

그러면 계산에 사용되는 변동성은 어떻게 구하는가? 옵션가격 계산에 사용되는 변동성은 주어진 기간 동안 기초자산 가격추이의 통계적 표준편차(연율 퍼센트)를 이용하여 계산된다. 옵션가격에서 의미하는 변동성은 옵션 만기일에 기초자산 환율의 예상치가 포함될 범위에 대한 시장의 전망이라고 볼 수 있다. 변동성 전망치가 평균의 양측으로 1-표준편차 범위 내에 바르게 위치할 신뢰구간은 정규분포에서 68%이다. 2-표준편차 범위 내에서 변동성을 바르게 전망할 신뢰구간은 95%이다.

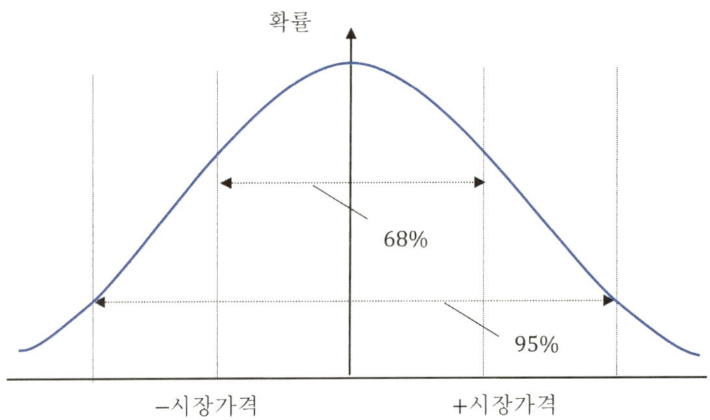

사례 2

USD/CHF의 1년물 선물환율이 1.6500이고 1년 변동성은 10%로 예상된다. 따라서 표준편차는 ±0.0165이고 2-표준편차는 ±0.0330이다. 두 신뢰구간의 환율범위는 다음 표와 같다.

신뢰구간	USD/CHF 환율범위
68%	1.6335-1.6665 (1.6500±0.0165)
95%	1.6170-1.6830 (1.6500±0.0330)

1년 변동성 10%는 현물환율이 1.6335에서 1.6665 사이 어딘가에 위치할 것이라는 점을 의미한다. 변동성은 방향을 제시하지 않기 때문에 환율은 1.6500보다 높거나 낮을 수 있다.

장외 통화옵션 호가는 거래소 통화옵션 호가와 다른데, 옵션거래의 시장주도 기관들이 옵션가격을 고시하기 위해 변동성을 사용한다는 점에서 차이가 난다. 이것은 주어진 만기, 행사가격, 이자율 및 현물환율에 대해 옵션의 실제가격과 변동성 사이에 일 대 일 대응관계가 존재하기 때문이다. 다시 말해서 변동성 기준의 호가는 하나의 유일한 옵션가격과 일대일 대응관계를 가진다.

사례 3

시장주도 금융기관은 3개월 USD/CHF 옵션에 대해 9.45-9.65% 변동성 기준 호가를 고시할 수 있다.

3M	9.45	9.65

이 양 방향 가격고시의 의미는 다음과 같다.

Bid 시장주도 금융기관은 call이나 put을 연 9.45%에 매입한다

Ask 시장주도 금융기관은 call이나 put을 연 9.65%에 매도한다

따라서 시장주도 금융기관은 변동성을 매매하는 것이다. 가격이 등가격 선물옵션이라면 행사가격이 현재의 기초자산 선물환율과 같다.

일단 거래상대가 거래를 원하면 양측은 변동성을 포함한 모든 요소들을 가격결정 모형에 포함하여 옵션가격을 결정한다. 양측이 동의하면 거래가 진행된다. 통화옵션에서는 Black-Sholes 옵션가격모형의 Garman-Kohlhagen 버전이 가장 보편적으로 사용된다.

아래 표는 네 가지 가격요소가 변할 때 옵션가격의 변동을 요약한 것이다. 이 표는 역사적인 옵션가격을 관찰할 때 유용하다.

상승	콜옵션 가격	풋옵션 가격
행사가격 상승	↓	↑
선물가격 상승	↑	↓
만기일 증가	↑	↑
변동성 상승	↑	↑

옵션은 은행간 거래에서만 변동성 기준으로 가격이 호가되고 거래된다. 만약 기업고객이 은행에 옵션가격을 요청하면 은행은 바로 프리미엄 기준으로 가격을 고시한다.

3.3 장외(OTC)옵션의 거래관행

옵션의 복잡한 특성 때문에 일부 표준화된 거래관례나 용어가 사용되지 않는다면 거래 시 상당한 혼란이 발생할 수 있다. 1985년 영국은행협회(BBA)는 주요 시장주도 금융기관과 함께 런던은행간 통화옵션시장규약(LICOM Terms)으로 알려진 거래관행을 도입하였다. LICOM(London Interbank Currency Options Market)은 올바른 거래관행을 권장하고 법률적 서류작업을 줄이기 위해 LICOM규약을 도입하였다. LICOM규약의 도입 직후 이와 유사한 규약이 미국에 도입되었고 1990년에 USICOM규약으로 알려졌다. 캐나다 및 일본과 같은 여타 국제시장과의 관련 때문에 국제통화옵션시장 종합협약(International Currency Options Market(ICOM) Master Agreement)이 1992년 처음 도입되었고 그 후 1997년에 개정되었다. ICOM규약을 사용하는 거래당사자들은 통화옵션 거래 시 통상 다음 사항을 확인한다.

- 거래일
- 매입자와 매도자
- 옵션유형-미국식 또는 유럽식
- 옵션종류-콜옵션 또는 풋옵션
- 콜 통화종류와 금액
- 풋 통화종류와 금액
- 행사가격
- 만기일자
- 만기시각
- 만기 결제일
- 프리미엄
- 가격
- 프리미엄(옵션가격) 지급일
- 프리미엄(옵션가격) 지급지시

4. 옵션 거래전략

옵션 시장에는 다양한 거래전략이 있는데 일부는 상당히 복잡하고 다채로운 이름을 가지고 있다. 다양한 전략들은 통상 그림으로 나타내기도 하는데 이 그림은 이익 가능성을 보여주는 손익분기 그래프이다. 이 그래프는 손익분기점을 기초로 하여 그리는데 손익분기점은 다음과 같다.

손익분기점 = 행사가격 ± 옵션가격(프리미엄)

옵션 보유자 입장에서 콜옵션의 경우 기초상품 가격이 행사가격보다 높은경우 콜옵션을 행사하여 이익을 볼 수 있다. 풋옵션의 경우에는 기초상품 가격이 행사가격보다 낮을 경우 풋옵션을 행사하여 이익을 볼 수 있다. 이처럼 이익기회가 존재하여 옵션을 행사할 수 있는 상황을 내가격 옵션(In-The-Money: IMT), 기초상품 가격과 행사가격이 일치하는 경우를 등가격 옵션(At-The- Money: ATM), 그리고 기초상품 가격이 행사가격보다 낮아 옵션을 포기해야 하는 경우를 외가격 옵션(Out-of-The-Money: OTM)이라고 한다.

다음 사례에서는 가장 기초적인 콜과 풋의 매매전략이 손익그래프를 사용하여 예시되어 있다. 시장참여자가 콜이나 풋의 매입자인지 매도자인지에 따라 손실과 이익의 상한이 있기도 하고 무제한적이기도 하다.

4.1 콜옵션

콜옵션 매입(Long Call)

은행이 기초자산 가격상승을 예상하여, 1.6000 GBP 콜옵션을 매입하고 옵션가격(프리미엄)으로 파운드 당 2.0 센트를 지급한다고 하자. Long Call의 손익은 다음 그림과 같다.

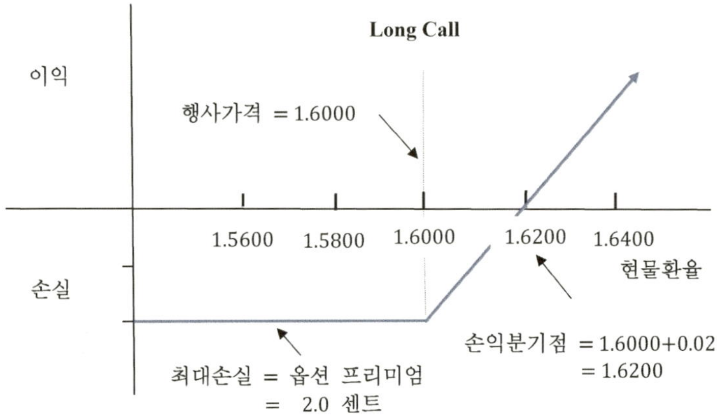

만기 현물환율	결과
1.6200 이상	현물환율이 상승할수록 이익 무제한 증가
1.6200	손익분기점
1.6200 - 1.6000	현물환율이 하락할수록 손실 증가
1.6000 이하	손실이 최대한 옵션프리미엄으로 한정

콜옵션 매도(Short Call)

은행이 기초자산 가격하락을 예상하여, 1.6000 GBP 콜옵션을 매도하고 옵션가격(프리미엄)으로 파운드 당 3.0 센트를 수취한다고 하자. Short Call의 손익은 다음 그림과 같다.

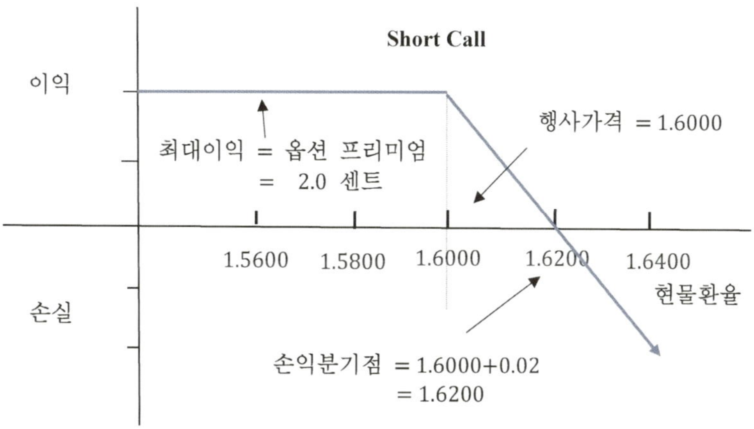

만기 현물환율	결과
1.6200 이상	현물환율이 상승할수록 손실 무제한 증가
1.6200	손익분기점
1.6200 - 1.6000	현물환율이 하락할수록 이익 증가
1.6000 이하	이익이 최대한 옵션프리미엄으로 한정

4.2 풋옵션

풋옵션 매입(Long Put)

은행이 향후 기초자산 가격하락을 예상하여, 1.6000 GBP 풋옵션을 매입하고 옵션가격(프리미엄)으로 파운드 당 3.0 센트를 지급한다고 하자. Long Put의 손익은 다음 그림과 같다.

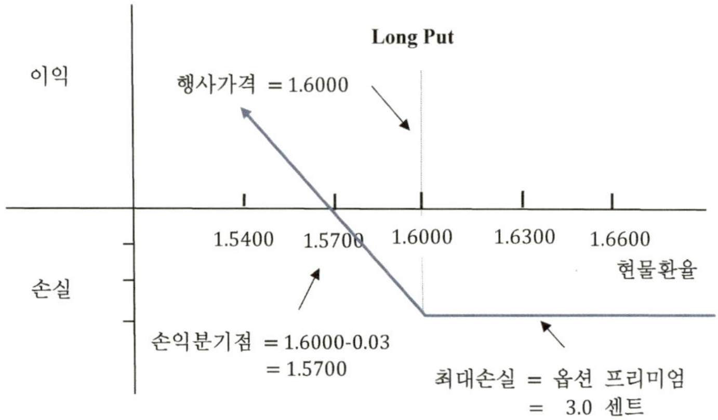

만기 현물환율	결과
1.6000 이상	손실이 최대한 옵션프리미엄으로 한정
1.6000 - 1.5700	현물환율이 하락할수록 손실 감소
1.5700	손익분기점
1.5700 이하	현물환율이 하락할수록 이익 무제한 증가

풋옵션 매도(Short Put)

은행이 기초자산 가격상승을 예상하여, 1.6000 GBP 풋옵션을 매도하고 옵션가격(프리미엄)으로 파운드 당 2.0 센트를 수취한다고 하자. Short Put의 손익은 다음 그림과 같다.

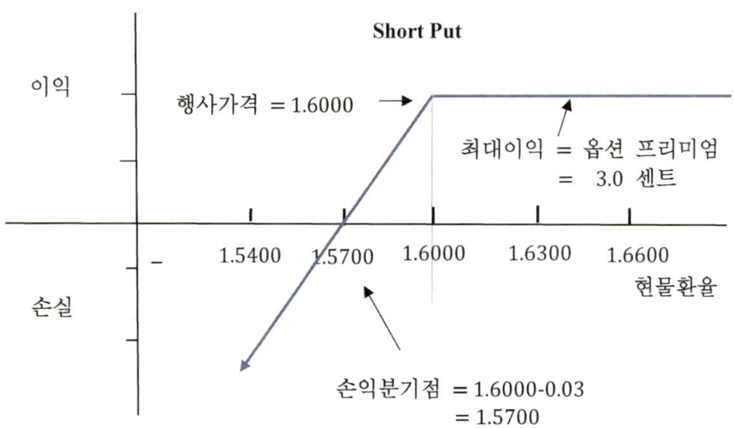

만기 현물환율	결과
1.6000 이상	이익이 최대한 옵션프리미엄으로 한정
1.6000 - 1.5700	현물환율이 하락할수록 이익 감소
1.5700	손익분기점
1.5700 이하	현물환율이 하락할수록 손실 무제한 증가

4.3 스트래들

스트래들 매입(Long Straddle)

은행이 행사가격 1.6000 GBP로 동일한 콜옵션과 풋옵션을 매입하고 옵션가격(프리미엄)으로 각각 파운드 당 2.0센트와 3.0센트를 지급한다고 하자. Long Straddle의 손익은 다음 그림과 같다. 스트래들 거래는 가격변동은 심하지만 그 방향을 알 수 없을 때 주로 이용한다. 즉 현물가격의 변동성이 커서 1.6000 ± (0.02 + 0.03) 범위를 벗어나면 이익이고, 그 범위 내로 변동성이 작으면 손실이 발생한다.

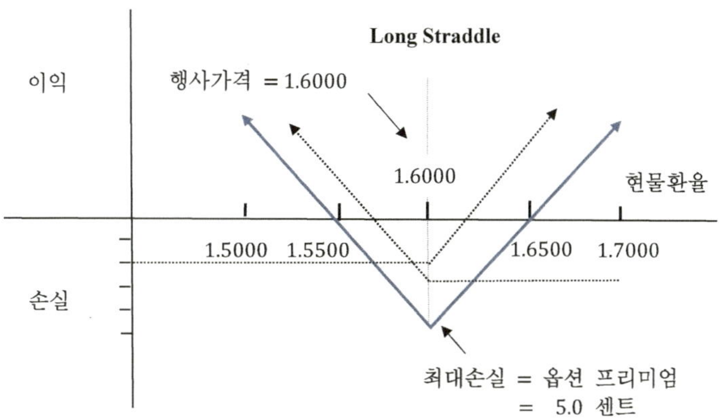

스트래들 매도(Short Straddle)

Short Straddle의 손익은 Long Straddle의 경우와 정확이 수평(가격)축을 기준으로 대칭이다. 손익분기점은 동일하고 매입자의 손실이 매도자의 이익이 된다.

4.4 스트랭글

스트랭글 매입(Long Strangle)

스트랭글은 스트래들과 유사하지만 가격 변동성이 더 클 것으로 예상되는 경우 거래하는 전략이다. 낮은 가격의 풋옵션과 높은 가격의 콜옵션을 동시에 매입하면 Long Strangle이 된다. 행사가격이 콜의 경우 1.6000, 풋의 경우 1.5500이라면 Long Strangle의 손익은 다음 그림과 같다. 스트랭글 거래는 가격변동이 더 심한 경우 그 방향을 알 수 없을 때 이용한다. 즉 현물가격의 변동성이 커서 1.5500-(0.02+0.03)과 1.6000+(0.02+0.03)범위를 벗어나면 이익이고, 그 범위 내로 변동성이 작으면 손실이 발생한다.

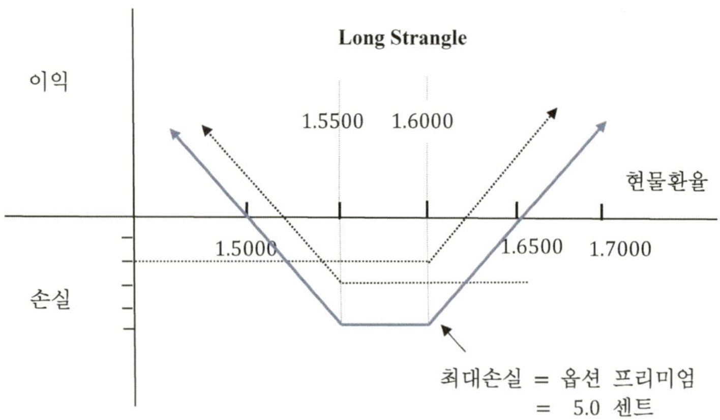

스트랭글 매도(Short Strangle)

Short Strangle의 손익은 Long Strangle의 경우와 정확이 수평(가격)축을 기준으로 대칭이다. 손익분기점은 동일하고 매입자의 손실이 매도자의 이익이 된다.

4.5 스프레드

강세 스프레드(Long Call Spread, Bull Call Spread)

스프레드 거래는 같은 종류의 두 옵션을 동시에 매입/매도하는 거래이다. 강세 스프레드는 낮은 행사가격 콜옵션 매입과 높은 행사가격 콜옵션 매도를 동시에 묶어서 거래한다. 은행이 향후 기초자산 가격상승을 예상하여 낮은 가격 콜옵션을 매입하지만 동시에 높은 가격 콜옵션을 매도함으로써 옵션 프리이엄을 절약할 수 있다. 그러나 예상대로 가격상승 시 이익이 특정 수준으로 제한되고 가격하락 시 손실도 특정 수준으로 제한된다.

행사가격 1.5500의 콜옵션을 5 센트에 매입하고, 행사가격 1.6000의 콜옵션을 3센트에 매도하면 이 강세 스프레드의 손실은 순지급 프리미엄 2센트로 한정되고, 가격상승 시 이익은 3 센트, 가격하락 시 손실은 2 센트로 한정된다. 손익분기점은 1.5700이다.

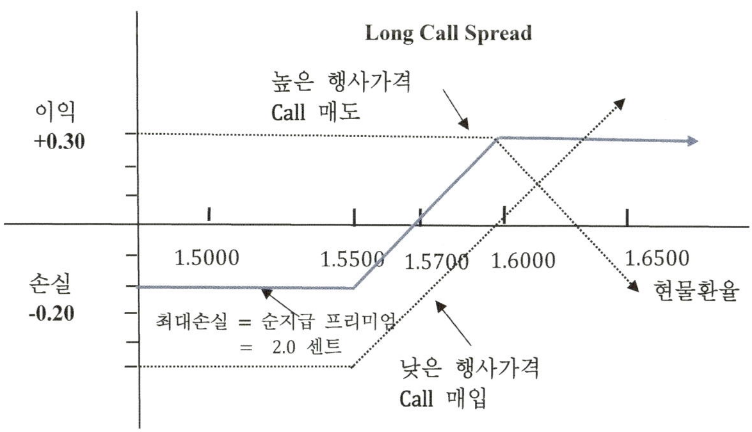

약세 스프레드(Long Put Spread, Bear Put Spread)

약세 스프레드는 높은 행사가격 풋옵션 매입과 낮은 행사가격 풋옵션 매도를 동시에 묶어서 거래한다. 은행이 향후 기초자산 가격하락을 예상하여 높은 가격 풋옵션을 매입하지만 동시에 낮은 가격 풋옵션을 매도함으로써 옵션 프리미엄을 절약할 수 있다. 그러나 예상대로 가격하락 시 이익이 특정 수준으로 제한되고 반대로 가격상승 시 손실도 특정 수준으로 제한된다.

행사가격 1.6000의 풋옵션을 5 센트에 매입하고, 행사가격 1.5500의 풋옵션을 3센트에 매도하면 이 약세 스프레드의 손실은 순지급 프리미엄 2센트로 한정되고, 예상대로 가격하락 시 이익은 3 센트, 반대로 가격상승 시 손실은 2 센트로 한정된다. 손익분기점은 1.5800이다.

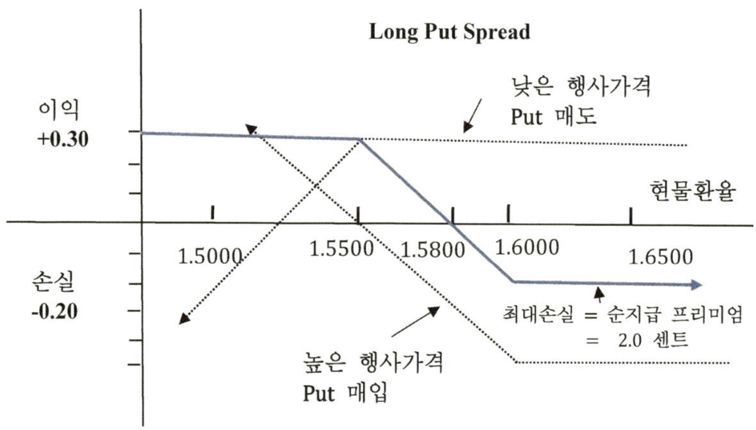

5. 옵션 리스크와 민감도

옵션은 다른 외환상품이나파생상품과 마찬가지로 리스크를 관리하기 위해 거래된다. 그러나 시장변동이 심한 상황에서는 옵션 포지션을 끊임없이 재평가할 필요가 있다. 큰 이익이 순식간에 큰 손실로 변할 수 있기 때문이다. 옵션과 관련된 민감도는 통상 그리스 문자를 사용하기 때문에 option Greeks라고도 한다. 이 option Greeks들을 살펴보면 다음과 같다.

5.1 델타와 델타비율

델타(Delta)

델타는 기초자산 가격이 1단위 변할 때 옵션가격의 민감도를 측정하는 가장 중요한 민감도 지표이다. 다시 말하자면 기초자산 가격변동에 대한 옵션의 위험노출을 측정하는 것이다. 델타는 -1과 +1 사이의 값을 가지며 행사가격과 델타의 상관관계가 아래 표에 요약되어 있다.

예컨대 ATM(at the money)옵션의 델타가 ±0.50인 것은 기초자산 가격이 행사가격보다 상승 또는 하락할 확률이 50%라는 의미이다.

$$델타(Delta) = \frac{옵션\ 프리미엄\ 변화}{기초자산\ 가격변화}$$

옵션 종류	Delta 값		
	OTM (out of the money)	ATM (at the money)	ITM (in the money)
Long Call/Short Put	0	+0.50	+1.0
Short Call/Long Put	0	-0.50	-1.0

사례 4

- 어떤 딜러가 행사가격 USD 19.00인 선물옵션을 USD 0.80의 프리미엄으로 매입했으며, 이 옵션의 델타는 +0.50이다.
- 만약 기초자산인 이 선물 가격이 USD 20.00으로 1.00 상승하면 프리미엄은 0.5×1.00 = USD 0.50 상승할 것임을 의미한다. 따라서 새로운 옵션 프리미엄은 0.80+0.50 = USD 1.30이 된다.

델타 헤지(Delta Hedging)

옵션의 시장조성자들은 보유 옵션의 리스크를 헤지하기 위해 선물을 자주 이용한다. 그러기 위해서는 옵션 포지션을 선물 포지션으로 정확하게 변환해야 한다. 이때 필요한 공식은

현물가격 표시 선물헤지 필요 계약 = 옵션 거래계약 × 옵션 델타

사례 5

기초자산 선물가격이USD 19.00일 때 딜러가 ATM 1900 Call option을 10계약 매도했다고 하자. ATM 델타는 +0.50이다.

따라서 이에 상응하는 선물계약 수는 10×0.50 = 선물 5계약이다. 이제 기초자산 가격이 USD 19.50으로 상승하고 델타가 0.60으로 상승한다면 상응하는 선물계약 수는 10×0.60 = 선물 6계약이다.

중립 헤지(Neutral Hedging)

중립 헤지는 옵션거래에서매우 중요한데, 중립 포지션을 유지하기 위해 요구되는 옵션/선물 계약의 비율이다. 여기서 델타는 다음과 같은 의미이다.

델타(Delta) = call/put의 매입자/매도자가 중립 포지션을 구축하기 위해 매도/매입해야 하는 기초상품 수의 비율

사례 6

어떤 딜러가 ATM 1900 Call option을 10계약 매도했다고 하자. 1계약의 거래단위는 1,000이다. 옵션 프리미엄은 USD 0.80이고 델타는 +0.50이다.

이 딜러가 옵션 매도로 받는 프리미엄은 0.80×10×1,000 = USD 8,000이다. 또 포지션 중립을 위해 선물 5계약을 매입한다.

시간이 경과하여 선물가격이 USD 19.50으로 상승하고 델타도 +0.60으로 상승하였다. 따라서 딜러는 중립 포지션을 위해 USD 19.50에 선물계약을 1계약 더 매입해야 한다. 딜러의 포지션은:

거래	가격, USD	델타 포지션
Call option 10계약 매도	0.80	−10×0.6 = −6
선물 5계약 매입	19.00	+ 5×1.0 = +5
선물 5계약 매입	19.50	+ 1×1.0 = +1
		순 포지션 = 0

① 만기가 되면 기초자산 가격상승으로 옵션이 행사되고, 딜러는 USD 19.00에 선물을 인도해야 한다. 이를 위해 오른 가격 USD 19.50에 10계약을 매입하여 인도한다.
  − 0.50×10×1,000 = − USD 5,000

② 매입했던 선물 5계약 USD 19.00에 매도, 1계약 USD 19.50에 매도.
  (+0.50×5×1,000) + (0×5×1,000) = + USD 2,500

③ 수취한 옵션 프리미엄 + USD 8,000

④ 순 이익은 + USD 5,500

5.2 기타 민감도 지표

델타와 델타 헤지가 옵션 거래에서 가장 중요한 고려요소이기는 하나 기초상품 가격이 작게 변할 때 의미가 있다. 프리미엄과 기초자산 가격변화는 선형관계가 아니기 때문에 여타 option Greeks가 필요하다. 이들을 간단히 설명하면 다음 표와 같이 요약할 수 있다.

Greek	관련된 리스크	공식
Delta	기초상품 가격의 변화	$\frac{\text{옵션 프리미엄 변화}}{\text{기초자산 가격변화}}$
Gamma	Delta의 변화	$\frac{\text{delta 변화}}{\text{기초자산 가격변화}}$
Vega	기초상품 가격의 변동성 변화	$\frac{\text{옵션 프리미엄 변화}}{\text{기초자산 가격변동성 변화}}$
Theta	잔존만기의 변화	$\frac{\text{옵션 프리미엄 변화}}{\text{잔존만기 변화}}$
Rho	기초상품 조달 금리의 변화	$\frac{\text{옵션 프리미엄 변화}}{\text{조달 금리 변화}}$

연습문제

01 IMM에서 CHF의 통화선물 계약 단위는 CHF 125,000이다. 지금은 2월이고 미국 수입업자는 5개월 후 CHF 500,000을 수입대금으로 지급해야 한다. 미국 수입업자가 장래의 수입대금 지급을 USD 가치로 고정시키기 위해서 취할 수 있는 행동은 무엇인가?

a) CHF 500,000을 5개월 선물환으로 매도
b) 6월 만기 CHF 통화선물 5계약 매입
c) 6월 만기 CHF 통화선물 4계약 매도
d) 6월 만기 CHF 통화선물 4계약 매입

02 IMM에서 스위스프랑 통화선물 매입가격이 0.7000에 고시되었다. 현물환시장에서의 이 환율고시는 어떻게 되는가?

a) 1.4285
b) 1.4286
c) 1.4288
d) 1.4289

03 IMM에서 CHF의 통화선물 계약 단위는 CHF 125,000이다. 현재 가격이 0.6058로 고시되었다면 5계약을 매입하는데 얼마의 USD를 지급해야 하는가?

a) \$378.63
b) \$3,786.25
c) \$37,862.50
d) \$378,625.00

04 Citibank의 딜러는 앞으로 일본 엔화가 영국 파운드화에 대해 가치가 상승할 것으로 예상한다. 이 딜러는 어떤 조치를 취할 수 있는가?

a) GBP/JPY 통화선물 매입
b) GBP/JPY 통화선물 매도

c) GBP 통화선물 매입 + JPY 통화선물 매도
d) JPY 통화선물 매입 + GBP 통화선물 매도

05 2월에 Citibank는 IMM에서 GBP 1.6800 March Put을 프리미엄 1.5 센트에 매입했다. GBP의 계약단위는 £62,500이다. 아래의 설명 중 옳은 것은 어떤 것인가?

a) 이 옵션의 행사가격은 1.5이다
b) Citibank는 $1.6800에 GBP를 매입하고 USD를 매도할 권리
c) Citibank는 $1.6800에 GBP를 매도하고 USD를 매입할 권리
d) 이 옵션의 만기일은 6월 중 어느 날이다

06 문제 5번의 정보를 이용하여 지금이 3월의 둘째 주이고 GBP/USD 현물 환율이 1.6600이라고 하자. 다음 중 어떤 것이 Citibank가 취할 적절한 조치인가?

a) 옵션을 행사한다
b) 옵션이 만료되도록 포기한다
c) 옵션을 매도한다

07 다음 중 유럽식 옵션을 바르게 설명한 것은?

a) 이 옵션은 유럽에서만 거래된다
b) 이 옵션은 만기일에만 행사할 수 있다
c) 이 옵션은 만기일을 포함하여 그 전 어느 때에도 행사할 수 있다
d) 이 옵션은 EU 세법의 적용을 받는다

08 PHLX에서 GBP 1.6800 March Put이 3.10에 거래되고 있다. 여기서의 계약단위는 £31,250이다.
a) 15계약을 매입할 때 프리미엄은 얼마인가?
b) 옵션 매입자가 이 옵션을 행사하기 위해서는 만기일에 GBP가 어느 구간에서 거래되고 있어야 하는가?
c) 옵션 매입자가 순이익을 얻기 위해서는 만기일에 GBP가 어느 구간에서 거래되고 있어야 하는가?

09 다음 중 특정 통화의 콜옵션 매도자와 관련하여 올바른 설명은? 매도자는

a) USD를 인도하고 특정 통화를 수령할 의무를 지닌다
b) 특정 통화를 인도하고 USD를 수령할 의무를 지닌다
c) USD를 인도하고 특정 통화를 수령할 권리를 지닌다
d) 특정 통화를 인도하고 USD를 수령할 권리를 지닌다

10 다음 중 USD Call/CHF Put 옵션의 매입자와 관련하여 올바른 설명은? 매입자는

a) USD를 인도하고 CHF를 수령할 의무를 지닌다
b) CHF를 인도하고 USD를 수령할 의무를 지닌다
c) USD를 인도하고 CHF를 수령할 권리를 지닌다
d) CHF를 인도하고 USD를 수령할 권리를 지닌다

연습문제 해답

1. d)

2. b)

3. d)

4. d)

5. c)

6. a), c)

7. b)

8. a) 31,250 × 15 × 0.031 = USD 14,531.25
   b) 현물환율이 1.6800 이하로 하락할 때
   c) 손익분기 = 행사가격 - 프리미엄
   = 1.6800 - 0.031 = 1.6490
   이익을 내기 위해서 현물환율이 1.6490이하가 되어야 함

9. b)

10. d)

참고문헌

[단행본]

Bannock, G. and W. Manser (2003), *The Penguin International Dictionary of Finance*, Penguin Books. Ltd.

Das, S. (1994), *Swap & Derivative Financing: The Global Reference to Products*, Pricing, Applications and Markets, Irwin Professional Publishing. 1994.

Gastineau, G. and Mark P. Kritzman (1996), *The Dictionary of Financial Risk Management*, Irwin Professional Publishing

Hull, J. C. (2016), *Options, Futures, and Other Derivatives*, Global Edition, Pearson.

Kolb, R. W. (1995), *Understanding Options*, John Wiley & Sons Inc.

Mahony, S. (1997), *A-Z of International Finance*, FT/Pitman Publishing.

Marshall, J. F. (1993), *Understanding Swaps*, John Wiley & Sons Inc.

Reuters Limited (1999), *An Introduction to Derivatives: The Reuters Financial Training Series*, John Wiley & Sons, Inc.

Reuters Limited (1999), *An Introduction to Foreign Exchange and Money Markets: The Reuters Financial Training Series*, John Wiley & Sons, Inc.

Schwager, J. (1994), *A Complete Guide to the Futures Markets:Fundamental Analysis, Technical Analysis, Trading, Spreads, and Options*, John Wiley & Sons Inc.

제4부 신용과 가상거래

제10장 리스크와 신용

단기금융시장과 외환시장에서 성공적으로 거래하려면 리스크를 이해하고 관리하는 일이 무엇보다 중요하다. 금융시장에서 리스크는 여러 형태로 존재하며 각각에 대해 살펴보고자 한다. 최근에는 리스크 관리의 중요성 때문에 각국의 중앙은행들과 일반은행들이 많은 시간을 투자하여 금융 리스크를 더 잘 이해하기 위해 노력하고 있다.

리스크를 효율적으로 관리하지 못해서 금융시장에서 퇴출당한 회사들의 예는 무수하다. 1995년 Barings 은행이 파산했고, 1980년대에는 미국의 US Savings and Loan부문이 황폐화되었으며, 1974년에는 Herstatt은행이 파산하여 전 세계 금융시장을 마비시킬 정도였다. 더구나 2008년에는 Lehman Brothers가 파산하여 글로벌 금융위기를 초래하기도 하였다.

금융시장에서 거래하는 금융기관들은 이사회가 작성한 일련의 리스크 관련 정책을 가지고 있어야 한다. 또 모든 은행의 영업활동에서 발생하는 리스크를 측정하고 집계할 수 있는 리스크 통제시스템을 가지고 있어야 한다. 이러한 수단을 갖추지 않으면 리스크 관리 가이드라인과 시스템을 감독하는 중앙은행에 의해 은행면허가 취소되기도 한다. 리스크의 주요 형태는 시장 리스크, 신용 리스크, 결제 리스크 등이 있다.

1. 시장 리스크

시장 리스크(market risk)는 금리나 환율이 투자가(은행)에게 불리한 방향으로 변동하여 손실을 입게 될 가능성을 말한다. 간단히 말하자면 금리나 환율이 불리한 방향으로 변하여 은행의 포지션에 손실을 야기시키는 것을 말한다.

예를 들어 AAA은행은 미국은행으로서 외환거래를 하며 모든 계정이 USD로 계산되고 보고된다고 하자. AAA은행의 기준통화는 USD이다. AAA은행이 1,000만 달러를 ZZZ은행에 팔고 결제일에 1,500만 CHF를 받았다. 그런데 결제일에 USD/CHF환율이 1.5000에서 1.5012로 상승한 경우 AAA은행은 그 1,500만 CHF로 USD 9,992,006 밖에 살 수 없다. 즉 결제일에 USD 7,994의 손실을 본 것이다.

은행은 수시로(통상적으로 매일) 거래의 장부가격을 평가한다. 거래의 가치를 평가하고 그에 상응하는 손익을 계산하는 것을 장부가격의 시가조정(marking to market)이라고 한다. 거의 대부분의 금융거래에는 시장 리스크가 수반된다. 거래에서 이익을 보려면 항상 시장 리스크를 잘 관리할 필요가 있다.

시장 리스크를 부담하지 않으면서 거래이익을 발생시키는 거래를 차익거래(arbitrage trading)라고 한다. 시장 리스크 없이 이윤을 창출하는 일은 딜러에게 매우 중요하기 때문에 차익거래의 기회는 신속하게 사라지는 경향이 있다. 왜냐하면 딜러들이 끊임없이 여러 시장을 감시하면서 차익거래의 기회를 노리고 있기 때문이다.

2. 결제 리스크

결제 리스크(settlement risk)는 계약 당사자가 파산 또는 결제시간대의 차이 등으로 결제일에 자금결제가 이루어지지 못해 발생하는 위험을 말한다. 이 결제 리스크는 외환거래에서 결제시간대의 차이 때문에 발생한다. AAA 은행과

ZZZ은행 사이의 외환거래에서 결제일에 ZZZ은행은 AAA은행에 CHF 1,500만을 지급하고 USD 1,000만을 수령해야 한다. 문제는 ZZZ은행이 뉴욕에서 USD 1,000만을 받기 수시간 전에 프랑크푸르트에 있는 AAA은행의 코레스은행에 CHF 1,500만을 지급해야 한다는 점이다.

이러한 결제위험은 1974년 파산한 Herstatt은행의 예를 들 수 있다. 동년 6월 25일 이 은행의 파산조치가 영업시간 중에 단행되어, 독일에서는 Herstatt은행이 마르크를 결제 받았지만 뉴욕에서는 그 대가인 달러를 결제 받지 못한 시점이었다. 그 결과 뉴욕에서는 파산 발표시각 이전에 Herstatt은행에 마르크화를 지급한 금융기관들이 결제자금인 달러화를 지급받지 못함으로써 막대한 손실을 입었다. 이 때문에 결제 리스크는 종종 Herstatt Risk라고도 불린다.

은행들은 결제한도를 설정함으로써 결제위험을 관리한다. 결제한도란 하루 중에 결제할 수 있는 거래의 달러금액을 제한하는 것이다. 이렇게 함으로써 Herstatt Risk와 같은 재난으로부터 파산하지 않고 잠재적인 손실에 상한을 설정하는 효과를 가진다.

현물환거래가 이루어지면 거래금액 전체가 그 거래의 결제일에 대한 결제한도의 적용을 받는다. 결제일의 영업이 종료되면 신용한도는 다시 보충된다.

3. 신용 리스크

신용 리스크(credit risk)는 거래 상대방이 계약상의 지급의무를 이행하지 못할 경우에 발생하는 위험이다. 예컨대 선물환거래에서 결제일에 지급해야 할 통화를 지급하지 못하는 경우이다. 즉 신용 리스크는 거래상대의 지급불능 또는 지급거부로 발생하는 위험이다.

신용 리스크는 은행들이 노출되는 리스크의 80% 이상을 차지함으로써 금융시장 리스크 가운데 가장 큰 부분을 차지한다. 이것은 대부분의 은행들이 대출업무를 취급하고 있고 그들이 직면하는 유일한 리스크는 고객이 대출상환을 하지 않을 경우에 발생하기 때문이다.

신용 리스크는 외환시장에서도 발생한다. 외환시장에서의 신용 리스크는 거래상대가 결제일에 결제의무를 이행하지 못할 경우에 발생한다. 이 개념은 결제 리스크와 유사한데, 차이점은 결제 리스크는 매우 단기 리스크인데 반해 신용 리스크는 금융거래 전체 기간에 걸친 장기 리스크라는 점이다. 예를 들어 은행이 6개월 외환스왑 거래를 체결한 경우 은행은 6개월 계약기간 중 하시라도 거래상대가 파산 등으로 만기에 해당통화를 상환하지 못하는 위험에 직면한다.

은행들은 정기적으로 거래 상대방의 신용도(채무불이행의 가능성)를 평가함으로써 신용 리스크를 관리한다. 신용도가 높은 거래상대일수록 더 많은 차입을 할 수 있다. 이것을 신용평가 프로세스라고 한다.

4. 신용평가 프로세스

신용공여한도는 통상 은행의 본점에서 관리한다. 본점의 신용위원회는 거래은행들의 신용도를 평가하고 재무상태를 정기적으로(적어도 1년에 한번) 평가한다. 그래서 대부분의 은행에서는 거래실과 신용위원회 사이에 거래한도를 둘러싼 줄다리기가 발생한다. 거래실은 거래(신용공여)한도를 확대하기를 원하는 반면, 신용위원회는 리스크를 통제하기 위해서 한도를 축소하려고 하기 때문이다.

딜러들은 신용공여한도가 충분하지 않을 경우 이익을 낼 능력이 방해받는다고 주장한다. 즉 좋은 거래기회를 신용공여한도 때문에 놓치고 만다는 것이다. 반면 신용위원회는 잘못된 신용공여한도 때문에 은행이 파산할 수도 있다는 점을 강조한다. 신용은 그 자체로서 가치 있는 상품이며 은행은 신용한도 없이는 거래에 임할 수 없다.

신용위원회는 자체평가 결과뿐만 아니라 금융기관의 신용도를 평가하여 신용등급을 제공하는 신용평가기관들을 이용하기도 한다. 신용위원회는 자체 평가결과와 외부 신용평가기관의 신용등급을 종합하여 특정 금융기관에 대한 신용공여한도를 결정한다. 각 은행이나 신용평가기관이 비슷한 평가기준을 이용하기 때문에 신용등급이나 신용평가 결과는 상당히 유사하다.

본점의 신용위원회는 매월 각국의 신용을 평가하고, 그 나라에 본점이 있는 은행들도 분석한다. 그러나 필요한 경우 수시로 신용평가의 변경이 이루어질 수 있다. 예를 들어 스웨덴 중앙은행이 스웨덴 은행들의 부동산관련 대출손실이 증가했음을 발표하면, 스웨덴 은행들의 신용등급은 과거만큼 높지 않을 것이라는 결론에 도달할 수 있다. 따라서 그 뉴스의 심각성에 따라 스웨덴 은행들에 대한 이전의 신용공여한도는 다시 조정될 필요가 있다. 신용위원회가 거래상대의 신용평가를 하는 동안 딜링룸은 거래를 제한하는 재량권을 가진다. 기껏해야 딜링룸은 신용공여한도를 줄이거나 정지시킬 수 있다. 대부분의 경우 딜링룸이 신용공여한도를 늘리거나 창출할 수는 없다.

4.1 신용공여한도의 결정

A은행이 B은행에 제공할 수 있는 신용공여한도는 주로 1) A은행이 생각하는 B은행의 신용도, 2) A은행의 상대적 규모 등에 의해 결정된다.

예를 들어 HSBC는 대규모 은행이고, 신용도가 좋은 AAA은행에 대해 5억 달러, 그보다는 못한 ZZZ은행에 대해서는 2,500만 달러의 신용공여한도를 책정하고 있다고 하자. 한편 KB는 소규모 은행이기 때문에 AAA은행에 대해 2,500만 달러, ZZZ은행에 대해서는 500만 달러의 신용공여한도를 책정하고 있다고 하자.

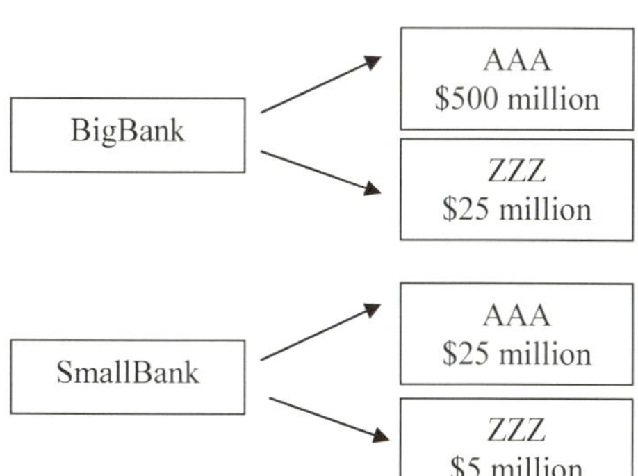

왜 이런 불일치가 생기는가? HSBC는 규모가 크기 때문에, 거래 상대은행 중 하나가 채무불이행을 하더라도 KB보다 견딜 수 있는 능력이 상대적으로 크기 때문이다. 즉 손실을 상쇄할 수 있는 자본여력이 훨씬 크기 때문이다. 따라서 은행규모가 커질수록 그 은행이 책정하는 신용공여한도도 커진다. 상대은행에 대한 여신공여한도를 설정한 후 은행은 자기은행 지점별, 거래 상대은행 지점별로 신용공여한도를 배분해야 한다.

4.2 신용공여한도의 배분

신용은 희소하고 가치가 매우 높은 자원이다. 각 은행들은 신용공여한도를 최적화하여 한정된 신용자원을 더 효율적으로 사용하려는 노력을 해왔다. 신용을 사용하는 방식은 나누기보다는 모아서 운용함으로써 최적화가 가능하다. 신용공여한도가 신용위원회로부터 거래실의 딜러에게로 어떻게 결정되어 전달되는지를 다음 사례를 통해 살펴보자.

예를 들어 AAA은행은 런던에 본사가 있으며 파리, 취리히, 동경, 뉴욕에 지점이 있다. AAA은행이 ZZZ은행조직 전체에 대한 신용공여한도를 책정할 때, 전세계의 ZZZ은행 지점들과 거래한 금액이 ZZZ은행에 대한 신용공여한도 책정에 영향을 줄 것이다. 신용위원회가 ZZZ은행에 대한 신용공여한도가 2억 달러라고 결정하면, 이 한도는 다음 두 가지 방법 중 하나로 본점과 지점 사이에 배분된다.

① 그룹 신용배분
② 글로벌 신용배분

그룹 신용배분

AAA은행 본점과 지점은 전체 한도 중에서 개별적으로 공여할 수 있는 한도를 배정받는 방식이다. 예를 들어 런던의 AAA은행 본점은 1억 달러, 파리, 취리히, 동경, 뉴욕의 지점들은 각각 2,500만 달러씩 배정받는 것이다. 그러면 본점과 각 지점은 배정받은 범위 내에서만 ZZZ은행과 거래할 수 있다.

이 방식은 신용시스템이 온라인으로 연결되지 않은 금융기관들이 사용하는 비효율적 신용배분 방법이다. 예를 들어 AAA은행 파리지점이 배당받은 2,5000만 달러를 모두 사용했지만 이윤이 보장되는 확실한 거래기회가 더 생길 수 있다. 그러나 다른 지점에서는 여전히 한도가 남아 있을 수도 있기 때문이다.

글로벌 신용배분

이 방식은 엄격히 말하자면 신용배분 방식은 아니다. 이 방식은 온라인으로 모든 지점이 본점에 연결되고 지점끼리도 연결된 온라인 신용시스템이 있어야 한다. 앞의 예에서 ZZZ은행에 대한 신용공여한도 2억 달러는, AAA은행의 본점과 지점 사이에 배분되는 것이 아니라 공동자금으로서 어느 지점이라도 선착순으로 한도 내에서 사용하는 것이다. 전체 한도가 소진될 때까지는 거래기회를 놓치는 경우가 없기 때문에 더 효율적인 것으로 인식된다.

지금까지 하나의 전세계적인 신용한도가 상대은행에 대해 설정된 것처럼 보였을지도 모른다. 그러나 사실은 외환거래에서 발생하는 다양한 리스크를 관리하기 위해 방대한 신용공여한도 매트릭스가 존재하는 것이다.

5. 신용등급

스탠다드 앤 푸어(Standard & Poor: S&P)와 무디스(Moody's Investors Service: Moody's)는 세계적으로 잘 알려진 양대 신용등급 평가기관이다. 두 기관이 서로 다른 신용등급 체계를 사용하고 있지만 서로 직접비교가 가능하다. 장단기 상품에 대한 신용등급은 아래 표와 같이 이루어진다. 대부분의 최상급 은행들은 AA+에서 AA- (S&P)까지, 또는 Aa1에서 Aa3 (Moody's)까지 등급이다. AAA나 Aaa등급을 유지하는 은행들은 매우 드물다.

단기 등급

S&P	Moody's
A1+ A1 A2 A3	P1 P2 P3

장기 등급

Grade	S&P	Moody's
Best	AAA AA+	Aaa Aa1
Highest	AA AA- A+	Aa2 Aa3 A1
Upper medium	A A- BBB+	A2 A3 Baa1
Medium	BBB BBB-	Baa2 Baa3

장기 신용등급표는 두 등급시스템 모두 B등급까지만 보여주지만 실제로는 C등급까지 등급이 매겨진다. 그러나 이들 낮은 등급은 투자등급 이하로 구분되기 때문에 기관투자가들의 투자대상으로는 적절하지 않다. 대부분의 정크본드(때로는 고수익증권으로도 알려져 있음)는 이들 낮은 등급에 속한다.

차입자들은 투자자들을 끌어들이기 위해 장기금융상품에 대해 신용등급조사를 하도록 평가기관에 요청하고 그 비용을 지급한다. 이 경우 신용등급 평가기관들은 차입자(증권발행자) 자체의 신용을 평가하는 것이 아니라 장기 금융상품에 대한 평가를 하는 것이다. 신용등급 평가기관들은 스스로의 신뢰도를 유지하기 위해 충분한 독립성을 유지한다.

S&P와 Moody's의 등급 시스템이 비교 가능하지만 두 기관은 각각 독립적으로 리스크 평가를 수행한다. 때때로 두 기관의 장기금융상품에 대한 신용등급 평가가 다른 일도 있다. 그러나 이 경우에도 한 레벨 이상으로 차이가 나는 일은 흔하지 않다. 단기 신용등급은 특정 차입자가 발행하는 모든 단기금융상품에 대해 적용된다. 단기 평가의 경우에는 자산담보 유무나 해당상품의 유동성 등에 대한 평가를 반영한다.

Moody's의 P1은 S&P의 A1+와 A1을 모두 포괄하는 수준이다. 실제로 P1과 P2의 구분은 A1과 A2의 구분보다 약간 등급이 높다. 그래서 A1/P2등급과 A2/P3등급은 흔히 볼 수 있지만 A2/P1등급과 A3/P2등급은 볼 수 없는 것이다. A3와 P3의 아래 등급은 없다. 왜냐하면 그 아래 등급은 투자가치가 없다고 간주되기 때문이다.

신용평가기관은 장단기 등급을 조정하기 전에 통상 긍정적 관찰대상/부정적 관찰대상이라는 전망을 덧붙인다. 인수합병을 위한 입찰 같은 사건은 신용등급을 변화시킬 수 있지만 어떤 경우에는 특정 사건 때문에 신용등급이 변화하지 않는 경우도 있다. 차입자(증권 발행자)의 신용등급은 차입자가 증권을 발행하거나 차입할 때 지불해야 하는 금리에 영향을 미친다. A1/P1과 A2/P2 발행자의 이자비용 차이는 차입비용 차이는 연 2% 포인트까지 발생할 수 있다.

차입자(증권 발행자) 사이의 신용 리스크를 구분하기 위해 기업이 발행하는 증권의 가격은 정부가 발행하는 동일 만기의 증권 수익률에 스프레드를 가산하여 결정한다. 이 스프레드는 통상 베이시스 포인트로 표시된다. 예를 들면 3개월 만기 미국 상업어음에는 동일 만기의 T-bill보다 25 베이시스 포인트에서 150 베이시스 포인트의 스프레드가 가산된다. 이 두 상품은 모든 면에서 동일하지만 발행기관의 신용등급이 다르다.

또 유로커런시 시장에서는 대출의 기준금리는 LIBOR인데 신용등급에 따라 서로 다른 스프레드가 부가된다. Reuters Money 3000을 이용하면 상업어음과 같은 특정 금융상품에 대해 신용등급을 선택함으로써 해당되는 매입/매도 가격을 얻을 수 있다.

6. 규제

Herstatt은행의 파산은 외환시장에도 큰 사건이 되었고, 시장참여자들 뿐만 아니라 중앙은행 같은 규제기관들도 외환거래 관련 신용 리스크를 재평가하도록 하는 계기가 되었다. Herstatt은행은 1974년 6월 25일 파산했고 시장 리스크 관련 외환손실이 4억 달러로 추계되었다. 이 사건이 시장을 정지시키지는 않았지만, 수개월간 외한거래를 위축시킨 외환거래 관련 시장 리스에 대해 전

세계적인 재평가를 극적으로 촉발시켰다.

많은 은행들은 외환거래에 적용된 지급결제 리스크를 100% 알아채지 못했다. 독일 연방은행은 유럽시간으로 오후 일찍 Herstatt은행의 지급을 정지시켰다. 그리고 그날 Herstatt은행으로의 마르크화의 지급은 그대로 허용하면서 미국소재 상대은행에 지급할 달러화의 지급은 미국 연준의 잔고동결조치로 지급하지 않았다.

단기적 효과로서, 외환시장 참여자들은 채무불이행 리스크가 극히 낮은 높은 신용도의 은행들과만 외환거래를 하게 되었다. 따라서 대부분의 은행들은 외환거래에서 외면당하고 그 결과 외환거래 규모는 급격하게 감소하였다. 어떤 은행이 신용 리스크 기준에 적합한지를 시장에 명확하게 알려주기 위해, 중앙은행들은 외환거래은행들로 하여금 매일 포지션을 보고하는 한편 거래규모를 정확하게 기록하고 처리하는 필요한 내부통제를 갖추도록 하였다.

또 국제결제은행(BIS)은 자본준비금의 효율적인 관리 가이드라인을 발표하였다. 그 가이드라인의 목적은 외환금융시장에서 노출되는 리스크를 커버할 충분한 재원을 보유하도록 보장하는 것이다.

제11장 외환딜러의 24시간[1)]

1. 서 론

지금쯤 여러분은 왜 시장이 존재하는지, 시장이 어떻게 작동하는지, 어떤 금융상품이 거래되는지 어느 정도 이해하게 되었을 것이다. 또 시장참여자들은 누구인지, 딜러 혹은 브로커의 역할을 무엇인지도 이해하게 되었을 것이다. 딜러는 금융시장에서 매매를 수행하는 시장참여자이다. 브로커는 딜러 사이를 중개하는 역할을 수행하고 수수료를 취할 뿐 자기계정으로 거래를 하지는 않는다. 여기서는 시장에서 거래가 어떻게 이루어지는지를 다음과 관련하여 살펴본다.

(1) 장외시장 거래(OTC)
(2) 전자거래시스템 거래
(3) 거래소 거래

딜러와 브로커는 Reuter, Bloomberg 또는 Bridge Information System 등 정보 제공기관이 제공하는 시장 및 국제뉴스, 매입/매도 호가, 분석 서비스 등을 필요로 한다. 그러나 많은 경우 고객이 매매하도록 금융상품에 관심을 유발시키는 역할은 브로커가 한다. 자동화된 전자거래시스템도 24시간 거래가 이루어지는 이들 시장에서 매우 중요한 역할을 한다. 시장에서 딜러들의 다양한 요구

1) 외환딜러가 외환시장과파생시장에서 실제 거래하는 상황은 일반 교과서나 연구자료에서는 발견하기 쉽지 않다. 이 가상적인 상황은 외환거래 플랫폼을 제공하고 있는 Reuter(1999)의 Financial Training Series 중 하나인 *An Introduction to Foreign Exchange and Money Markets*, pp. 105-130을 많이 참고하였다.

가 다음 표에 정리되어 있다.

외환시장 및 단기금융시장	파생상품 시장
외환 딜러들과 단기금융 딜러들은 은행과 기업 재무부서에서 일하며, 만기가 익일물에서 1년까지의 단기 금융상품과 통화를 매매한다. 거래는 24시간 OTC 또는 전자거래시스템을 이용하여 이루어진다. 필요한 금융 데이터 1. 환율 2. 은행 예금금리 3. 뉴스 4. 그래프/기술적 분석 5. 경제지표	파생상품 딜러들은 선물, 옵션, 스왑 등을 자기계정 또는 고객을 위해 모든 시장을 넘나들며 거래할 수 있다. 필요한 금융 데이터 1. 기초상품정보 2. 거래소 가격정보 3. 기술적 분석 4. 뉴스

딜러들은 여러 다양한 방법으로 거래하는데, 주요 거래방법은 다음과 같다.

(1) 은행간 전화를 통한 직접 거래
(2) 은행간 직접적인 대화거래: 예컨대 Reuters Dealing 2000-1, Reuters Dealing 3000 Direct를 통한 거래. 거래 대화가 스크린에 나타나고 세부사항은 기록되며 재검토할 수 있다.
(3) voice broker를 이용하는 거래

오늘날은 인터넷 웹사이트를 이용한 거래도 급증하고 있다. 일부 외환 딜러들은 현물환 및 선물환 거래를 위한 웹기반 서비스를 제공하고 있다. 그러나 이러한 서비스는 개인고객을 위한 소매거래에만 이용된다. 그럼에도 불구하고 다수의 대규모 은행들이 안전한 민간 전자네트워크를 통해 인터넷 프로토콜을 사용하는 거래 서비스를 개발하고 있다.

2. 거래에 영향을 주는 요인

외환시장과 단기금융시장이 일차적으로 금리에 영향을 받기는 하지만 두 시장이 작동하는 방식은 기본적으로 다르다. 외환거래는 매매하는 것이고 단기금융거래는 차입 또는 대출하는 것이다. 외환계약은 일정 금액의 한 통화를 다른 통화로 교환하는 것이다. 단기금융시장에서 대출은 차입보다 훨씬 리스크가 크다. 일단 원금이 대출되고 나면 만기까지는 상환되지 않는다. 만약 차입자가 채무상환을 이행하지 않으면 대출자는 원리금을 잃게 된다.

2.1 금리와 예금금리

금융상품의 금리와 예금금리 계산은 다양한 방법이 있으며 1년 베이스를 며칠로 하느냐에 따라 달라진다. 예를 들면 다음과 같다.

영국의 금융상품	1년 = 365일
미국의 금융상품	1년 = 360일
유로커런시 금융상품	1년 = 360일

따라서 금리 산정에서 정확한 날짜 수를 사용하는 일이 매우 중요하다. 단기금융시장과 외환시장의 많은 상품들은 양 방향(bid and offer/ask)으로 가격을 고시한다. 계속 진행하기 전에 그 용어의 의미를 숙고해보기 바란다. 금리에서의 bid/offer 스프레드는 시장조건에 따라 달라진다. 시장이 안정되고 거래량이 많으면 스프레드는 축소되는 경향이 있고 그 규모는 몇 베이시스 포인트에 그친다. 시장이 급변하고 거래량이 적으면 스프레드는 수 십 베이시스 포인트까지 확대된다.

영국에서 금리는 offer/bid의 형태, 예컨대 $6^1/_4$ - $6^1/_8$로 고시된다. 미국에서 금리는 bid/offer의 형태, 예컨대 $6^1/_8$ - $6^1/_4$로 고시된다. 두 경우 모두 의미하는 바는 동일하다. 즉 시장조성자는 $6^1/_4$에 대출하고 $6^1/_8$에 차입한다.

2.2 포지션 관리

분주한 딜링룸 내에서 매초 수많은 거래가 이루어진다. 개별 거래상대에 대한 과다노출 위험을 통제하기 위해서 딜링룸 관리자는 포지션을 신속하게 통제하고 평가할 수 있어야 한다. 예를 들어 거래기간 중 현물환 거래금액은 끊임없이 변화하고 딜러들은 자신들의 평균 포지션, 즉 기존 포지션이 손익을 알아야 한다. 평균 포지션의 산출이 늦으면 늦을수록 딜러에게 위험은 높아진다.

2.3 차익거래

스왑거래는 두 통화의 금리격차를 이용하는 거래이다. 스왑레이트는 두 통화의 현물환율, 금리 그리고 스왑기간에 의해 결정된다. 만약 스왑레이트가 현물환율 및 금리에 의해 예측되는 수준과 일치하지 않으면, 딜러들은 저렴한 금융상품을 매입하고 비싼 금융상품을 매도함으로써 무위험 이익을 창출할 수 있다. 만기에 가격이 수렴할 것이므로 딜러들은 금융상품이 만기가 되면 이익을 낸다는 것을 안다.

차익거래의 요점은 서로 다른 금융상품의 가격의 관계를 이용한다는 점이다. 예를 들어 단기금융시장 예금금리, 현물환율, 외화 예금금리 및 선물환율과 같은 가격간의 관계를 이용하는 것이다.

우리는 앞에서 이들 상품이 어떻게 선물환 포인트(forward points)와 결과적으로 선물환율을 결정하는지 이미 살펴보았다. 만약 고시된 선물환율이 이들 상품가격에 의해 도출된 선물환율과 다르면 딜러는 외환스왑과 반대거래를 이용하여 무위험 이익을 창출할 수 있다.

2.4 뉴스의 중요성

시장참여자들이 뉴스에 빨리 접하는 것도 필수적이다. 많은 뉴스서비스가 딜러들이 금융정보와 뉴스를 이용할 수 있도록 다양한 방법으로 서비스를 제공한다. 시장에 따라 시장참여자들이 요구하는 뉴스도 서로 다르다.

3. 외환딜러

3.1 외환딜러는 어떻게 일하는가?

대부분의 딜러는 주요 통화 중 하나의 거래에 전문화하거나, 아니면 거래량이 적은 다수의 통화거래를 수행한다. USD는 외환거래에서 압도적인 통화이며 모든 외환거래의 80% 이상을 차지한다. 외환딜러는 이윤을 추구하기 위해 거래하며 급변하는 환경에서 딜러들은 신속하게 생각하고 정보에 우선순위를 결정해야 한다. 외환딜러는 다른 은행의 딜러들, 즉 거래상대와 가장 자주 거래한다. 대부분의 거래는 은행 딜러들 사이에 거래되며 그 나머지는 은행 이외의 금융기관이나 고객 등과 거래한다. 거래는 전자적으로 또는 전화로 이루어진다.

미국과 영국에서는 35%의 외환거래가 브로커를 경유하여 거래된다. 브로커는 시장에서 포지션을 취하지 않으며 자산들이 거래 당사자들 사이에 주선해준 거래의 커미션만을 취할 뿐이다. 브로커는 현물환과 선물환 거래에서 가장 활발하게 활동한다.

3.2 외환딜러는 어디에서 일하는가?

거래실은 개방된 공간이며 소란스럽다. 개별 딜러는 전화기에 둘러 쌓여 있고 여기 저기 다른 딜러들과 전화를 걸고 있다. 딜러들이 가격과 주문을 외치는 소리가 끊임없이 들리고 거기에다 브로커가 가격을 제시하는 소음이 방송용 스피커(squawk box)를 통해 들린다. 딜러들의 책상에는 통상 3-4개의 컴퓨터 시스템 화면이 설치되어 있다. 딜러들은 전자적 대화를 이용하며 다른 은행의 거래상대와 거래를 수행한다. 전자거래는 전화를 이용한 거래보다 더 신속한 방법이다.

전자거래시스템은 정확한 가격기준, 매매가능 수량, 부기 시간 등에 기초하여 매매를 연결시켜준다. 매매가 연결/성사되면 전자거래시스템은 거래당사자에게 이를 통지하고 각 딜러에게 결제에 필요한 정보를 제공한다. 전자거래시스템은 브로커를 이용할 때와 유사한 익명의 거래연결을 은행에게 제공하는데 그 비용은 더 저렴하다. 즉 딜러들은 가격을 hit or take한 때에만 서비스에 대해 비용을 지불한다. 딜러는 특정 통화를 매매하고자 할 때 자신에게 유리한 오직 한 방향의 가격만 고시한다.

딜러는 포지션을 관리하고 거래손익을 업데이트 해주는 back office와 시스템을 통해 연결될 수도 있다.

3.3 외환거래 업무

자신의 의견을 형성

외환딜러들은 아침 일찍, 통상 7:30 am에 업무를 시작한다. 제일 처음 하는 일은 지난 밤에 세계시장에서 무슨 일이 있었는지를 파악하는 것이다. 예를 들어 런던시장의 딜러는 홍콩/도쿄/싱가포르 등 극동지역의 거래가 종료되는 시간이기 때문에 이 지역 동료들과 접촉한다. 오후 늦은 시간에는 뉴욕시장이 개장되기 때문에 뉴욕의 딜러들과 정보교환을 한다.

다음으로 딜러들은 금리와 인플레이션률을 포함하여 수집한 모든 뉴스와 정보를 통합하고 시장이 어느 방향으로 움직일지 의견을 형성한다. 의견을 형성하고 통화별 환율을 결정하기 위하여 딜러들은 아래와 같은 요인들을 평가한다.

(1) 펀더멘털 요인: 이들은 그 국가의 기초적인 경제금융조건으로서 금리, 인플레이션, 화폐공급, 재정적자, 국제수지 등을 포함한다. 이들 정보가 발표되는 월별 분기별 날짜와 시간은 시장에 잘 알려져 있으며 이를 철저히 따른다.

(2) 기술적 요인: 기술적 분석과 차트 기법을 이용하여 가격추이의 추세와 패턴을 평가하여 거래전략을 결정하는데 이용한다.

(3) 제도적 요인: 통화와 관련한 정부정책 체제, 예컨대 외환통제, 고정환율, 국제적 협약 등이 여기에 속한다.

애널리스트의 예측을 수령

대규모은행에서 딜러들은 은행의 애널리스트/이코노미스트들이 시장 추이에 대한 전망을 브리핑하는 전략회의에 참석해야 한다. 소규모은행에서는 제3자 애널리스트 보고서를 정기 구독하기도 하는데 이는 컴퓨터 서비스를 통해 보고서에 접근할 수 있다.

4. OTC거래

장외 OTC거래는 대부분의 대화가 전화를 통해 이루어지기 때문에 관찰하기가 어렵다. 그러나 아래 대화와 그에 대한 설명은 다양한 시장을 더 잘 이해하도록 도와준다. 또 "○○○의 24시간"이라는 시나리오도 이해를 돕는데 유용하다. 다음 경우에 대한 대화와 시나리오에 대해 설명하고자 한다.

(1) 현물환 거래
(2) 3개월 외환스왑 거래
(3) 외환딜러의 24시간
(4) 선물환딜러의 24시간
(5) voice broker의 24시간

4.1 현물환 거래

- A사는 뉴욕 소재 기업으로부터 구입한 기계부품 대금 2백만 달러를 현물환시장에서 매입하고자 한다.
  (⇒현물환 거래란 결제가 거래 후 2영업일에 이루어진다는 의미이다).
- A사는 B은행의 기업 데스크를 접촉하여 가격고시를 요청한다.
  (⇒A사는 B은행의 우량고객이기 때문에 신용공여협정이 체결되어 있다).

- 기업데스크 딜러는 A사에 제공할 달러 환율을 현물환 데스크에 문의하고 중개역할을 한다. 환율은 대략 GBP/USD 1.5963/67이다.
  (⇒Money 3000을 이용하여 가장 최근의 고시가격 또는 특정 고시가격을 화면에 나타낼 수 있다).

오늘은 4월 4일이고 A사의 Alan과 B은행 기업 데스크의 Ben 사이의 대화는 다음과 같을 것이다. 대화 용어는 딜러마다 다를 수도 있다. 좀 더 일반적인 용어는 아래에 설명과 같다.

사례 1

0초 Alan: *'Hi, Ben, can I have a cable in 2 dollars?*
(⇒이 단계에서 Alan은 Ben에게 매입/매도의사를 말하지 않는다. Cable은 GBP/USD 통화조합을 나타내는 용어이다. Ben은 거래할 환율을 bid/offer 양 방향으로 고시해야 한다. 거래금액은 2백만 달러이다).

5초 Ben: *'60/70'*
(⇒Ben은 pips만 고시하는데 이는 Alan과 Ben 둘 다 big figure를 이미 알고 있기 때문이다. Ben은 파운드 당 1.5960 달러를 주고 파운드를 매입하고 1.5970 달러에 파운드를 매도하겠다고 가격을 고시하고 있다).

10초 Alan: *'At 60, I buy $ 2 million'*
(⇒이것은 Alan이 Ben의 파운드 매입가격인 1.5960 달러에 파운드를 팔고 달러를 매입하겠다고 동의하는 것을 의미한다. 이때에 Alan은 달러를 매입하고자 한다는 의사를 보인 것이다. 만약 Ben이 A사의 Alan이 파운드화를 매도하기를 원한다는 사실을 알았다면 그는 가격을 60/65로 변경했을 수도 있다).

25초 Ben: *'OK, done. I sell you $ 2 million at 1.5960. Value 6th April. Thanks for the deal and bye.'*
(⇒Ben은 거래를 확인하고 결제일이 2영업일 후라는 점을 확인한다. 전체거래는 25초 이상 걸리지 않았다).

	Might say or	Yours/Mine
기준통화의 매도자	I sell at I offer at I give at Offered at Coming at	Yours + 기준통화 금액
기준통화의 매입자	I buy at I bid at I take at I pay at	Mine + 기준통화 금액

4.2 외환스왑(현물환-선물환 3개월) 거래

사례 2

Bank A : *Hi, Chase London here. Can I have a 3 month dollar-swissy in 50 dollars?*

(⇒오늘은 11월 14일, A은행은 3개월 외환스왑의 달러-스위스프랑 환율고시를 요청한다 금액은 5천만 달러이다. A은행은 5천만 스위스프랑이 아니라 5천만 달러 거래를 원하기 때문에 달러를 명시하는 것이 중요하다.
현-선(3개월)을 가정하고 있다).

Bank B : *66/65*

(⇒B은행은 시장조성자로서 양 방향 선물환 포인트를 고시하기 전에 신용공여한도를 체크할 것이다).

Bank A : *At 66*

(⇒시장추종자로서 A은행은 66 포인트에 거래한다).

Bank B : *Done, Spot is 10/15,*
so shall we do 12?

(⇒시장조성자로서 B은행은 동의한다. 시장조성자는 현물환율을 제시하는데, 통상 현물환율의 bid/offer 중간률로 한다).

Bank A : *Fine. I buy and sell 50 dollars. Spot 1.4112, minus 66 points, so that's 1.4046. Spot date Nov-16, 3 months Feb-16. My dollars to Chase New York, swissys to Chase Frankfurt.*
(⇒ 시장추종자로서 A은행은 현물환율의 bid/offer 중간률이 공평하기 때문에 이에 동의한다. A은행은 거래내용을 확인한다.

① 현물매입 및 선물매도 통화

② 선물환율

③ 가까운 결제일(first leg)과 먼 결제일(second leg)

④ 받을 현물 USD, 받을 선물 CHF에 대한 지급지시).

Bank B : *OK. My dollars to BHF New York, swissys to BHF Frankfurt.*
(⇒ 시장조성자로서 B은행 역시 지급지시를 발표한다).

Bank A : *Cheers.*

4.3 외환 딜러의 24시간

20:00

내 브로커가 영원히 고마워할 만큼 엄청난 금액을 거래한 바쁜 하루. 브로커와 한 잔.

22:00

식사 후 하루 동안의 진행상황을 검토. 나는 여전히 USD/CHF 포지션을 보유, 1.4550의 가격에 5백만 달러의 쇼트 포지션이다.[2] 상대적으로 적은 포지션이지만 시장의 변동성이 극심한 가운데 만약 나에게 유리한 방향으로 시장이

2) 쇼트 포지션은 딜러가 환율하락을 예상하고 USD를(CHF 대가로) 매도한 상태를 의미한다. 이 포지션을 취한 배경은 미국 Fed가 경기둔화 때문에 미국금리를 인하할 것이라는 소문을 딜러가 들었기 때문이다. 이는 다른 조건에 변화가 없는 경우 단기에 USD의 매력을 떨어뜨리고 자금을 USD에서 CHF나 다른 통화로 이동하게 만들 것이다. 시장은 1.4620 같은 어떤 저항선에 부딪혔다가 1.4350 수준에서 지지선을 테스트할 것이다. 그 소문이 사실이라면 가격이 아래쪽으로 매우 신속하게 도달하고 그 지점에서 딜러는 이익을 취할 것이다.

움직인다면 내 월간 목표에 영향을 줄 만큼 충분히 이득을 가져다 줄 것.

나에게 미청산 포지션이 있기 때문에 해외 지점망에 손절매 주문을 남겨 두어야 함. 그래서 내 포지션은 24시간 관찰대상이다. 만약 손절매 주문을 내지 않았다면 나는 엄청난 손실을 입고 일자리도 잃을 수 있다.[3]

내 손절매 주문 가격은 1.4650. 만약 저항선[4]인 1.4620이 깨지면 USD는 훨씬 더 올라가고 나는 손실을 볼 것. 이익이 나는 방향으로는, 만약 가격이 1.4400에 도달할 때 나에게 전화하라는 주문을 남겨둠.

내 주문이 전세계 지점에 전달되는 게 확실하기 때문에 나는 휴대용 Reuter 단말기에서 환율을 마지막으로 점검. 1.4480-이는 여전히 이익구간.[5]

02:00

전화벨이 울린다. 좋은 소식이라 생각했는데 아니다. 옛 친구 Chan이 싱가포르에서 전화하여 저항선 1.4620이 깨졌으며 추세로 보아 손절매 가격인 1.4650으로 상승할 것 같다고 한다. 그가 보기에 USD가 지금은 좋아 보이지만 이는 저항선 돌파를 기대한 일시적인 쇼트 커버링 현상이라고 한다. 그러나 그는 고객으로부터 대규모 매도주문(USD/CHF at 1.4660)을 가지고 있으므로, 일시적인 저항선 1.4620의가짜 돌파 때문에 내 포지션을 처분하지 않아도 되도록 나에게 손절매 가격을 1.4675로 올리라고 제안한다.

05:30

알람도 꺼지고 전화도 더 이상 울리지 않음. 아침에 처음으로 하는 일은 Reuter 단말기를 체크하는 일. USD/CHF 환율은 1.4500. Chan이 옳았다. 나는 여전히 쇼트 포지션을 보유하고 있고 여전히 코트 안에 있다. 나는 6:00시 기

---

3) 딜러가 손절매 주문을 남겨두지 않았는데 예컨대 전쟁이 발발했다고 하자. 그러면 USD는 급상승하고 그 딜러는 심각한 손실을 입을 것이다.

4) 저항선은 기술적 분석차트에서의 선인데, 매도가 매수압력을 압도할 만큼 강력해서 가격이 더 이상 상승하지 못하는 선을 가리킨다.

5) 이 딜러는 CHF 35,000만큼 이익 상태이다. 이것은 다음과 같은 잠재적 이익으로부터 산출된다. 5,000,000×(1.4550-1.4480) = 5,000,000×0.007 = 35,000.

차를 타고 편안히 기대 앉아 조간신문을 읽고 있음.

06:15

휴대용 Reuter 단말기가 울림. 좋은 소식이다. 미국금리가 고점에 달했다는 것이다. 소문이 맞았던 것이다. USD/CHF 환율은 급격히 하락하기 시작했고 나는 싱가포르 사무소에 전화를 걸었다. USD/CHF 환율은 여전히 잘 견디고 있으며 1.4370에 거래되고 있다고 말한다. 나는 발생한 이윤을 보호하기 위해 손절매 주문가격을 1.4450으로 낮추고[6] 이익실현 주문가격을 1.4320으로 바꾼다.[7]

07:00

사무실에 도착해서 책상 위 모든 기기의 스위치를 켠다. 꼭 USS 엔터프라이즈호의 관제실 같아 보인다. USD/CHF 환율은 1.4320까지 하락했고 싱가포르 사무소는 내 주문을 실행했고 나는 상당한 이익을 보면서 하루를 시작한다.

07:30이 될 때까지는 고객이나 다른 은행에 가격을 제시하지 않는다. 지금부터 사무실에서의 30분이 매우 중요. 간밤에 들어온 모든 뉴스를 읽고 오늘 발생할 사건들을 주목. 또 다른 은행의 거래자들과 통화하고 향후 몇 시간 동안 통화추이에 대해 의견을 교환.

오늘 유일하게 중요한 사건은 스위스 중앙은행 회의. 시장은 스위스 중앙은행이 통화신용정책을 변경하지 않을 것이라고 감을 잡고 있음. 그러나 나는 미국금리가 하락하고 CHF이 매우 강세이기 때문에 시장의 감에 회의적. 지난 수개월간 스위스 수출업자들은 CHF의 강세로 스위스 제품이 해외시장에서 경쟁력이 없다며 CHF의 강세를 저지시키라고 수없이 요구. 만약 내가 의심하는 대로 스위스 중앙은행이 금리를 인하하면 CHF은 약세가 되고 USD 환율은 상승할 것. 나는 USD의 롱 포지션을 취한다.[8]

---

6) 1.4450의 가격에 주문이 충족되면 딜러는 다음 이익을 얻을 것이다.
$5{,}000{,}000 \times (1.4550 - 1.4450) = 5{,}000{,}000 \times 0.01 = 50{,}000$(CHF).

7) 1.4320에서 딜러는 다음의 이익을 확정한다.
$5{,}000{,}000 \times (1.4550 - 1.4320) = 5{,}000{,}000 \times 0.023 = 115{,}000$(CHF).

07:30-10:00

첫 거래요청이 내 스크린에 나타나는데 대부분은 극동지역에서 온 것. 모두 USD/CHF 거래를 요청하는데 1천만 달러 혹은 그 이상의 금액이다. 스피커 박스를 통해 브로커는 계속 USD/CHF 환율을 외쳐댄다.

USD/CHF 환율은 이제 1.4330/35. 롱 포지션을 원하기 때문에 나는 약간 높은 가격인 32/37을 고시한다. 상대는 32 포인트에 1천만 달러를 매도 하겠다고 하는데 가격이 적합하므로 그렇게 하기로 한다.

유럽시장 거래에서 오전에 매도자가 더 많이 나타나기 시작하고 따라서 USD가 하락하기 시작. 스크린에 매도가격 1.4300이 나타난다. 좋지 않은 상황이다. 나에게 1.4332의 가격에 1천만 달러 롱 포지션이 있으므로 지금 포지션을 청산해야 한다면 CHF 32,000의 손실을 입을 것이다.[9]

그러나 기술적 분석 전문가가 1.4285의 가격에 탄탄한 지지선이 있으므로 포지션을 보유하라고 조언. 스크린에 1.4290/95의 가격고시. 그래서 이 가격 수준에서 더 많이 구매하기로 결정하고 다른 은행의 가격고시도 알아봐 달라고 동료에게 부탁. 받은 가격은 90/95, 92/97 그리고 85/90이다. 나는 85/90를 선택하고 1천만 달러를 매입한다. 이제 나는 평균환율 1.4311에 2천만 달러 롱 포지션을 보유, 현재로서는 손실 상태이다.

USD million	CHF million
+10	14.332
+10	14.290
+20	28.622
평균 28.622÷20 = 1.4311	

나는 또 다른 가격 87/92를 고시하고 거대 미국계 은행에서 1천만 달러를 매입. 이제 롱 포지션은 1.4303의 가격에 3천만 달러이다. 나는 달러가 상승할 것이라고 믿고는 있지만 그렇게 큰 롱 포지션은 원하지 않는다. 그래서 1천만 달

8) 롱 포지션은 딜러가 USD의 상승을 예상하고 USD를(CHF에 대해) 매입하는 것을 의미한다.

9) 이 딜러의 손실은 다음과 같이 산출된다.

$$10{,}000{,}000 \times (1.4332 - 1.4300) = 10{,}000{,}000 \times 0.0032 = 32{,}000(\text{CHF}).$$

러를 92포인트에 매도. 이제 내 포지션은 1.4308의 가격에 2천만 달러. 나는 이 포지션에 만족하며 아무도 USD를 팔지 않기를 바라고 있다.

USD million	CHF million
+10	14.332
+10	14.290
+10	14.287
+30	42.909
평균 42.909÷30 = 1.4303	

USD million	CHF million
+10	14.332
+10	14.290
+10	14.287
−10	−14.292
+20	28.617
평균 28.617÷20 = 1.4308	

11:30

USD/CHF 환율은 여전히 1.4300 아래에서 거래되고 있고 스위스 중앙은행은 아직도 아무런 발표를 하지 않고 있다. 만약 스위스금리가 인하되지 않으면 나는 큰 손실을 입을 것이다.

12:00

아직 아무런 정책발표가 없어서 샌드위치를 사러 사람을 보냄.

12:30

좋은 소식. 스위스 중앙은행이 재할인율을 0.5% 포인트 인하했다. USD/CHF 환율은 급상승했고 스크린에는 USD/CHF을 매입하려는 은행들로마치 크리스마스 트리처럼 불이 들어왔다. 정책발표 후 내가 처음 고시한 가격은 1.4440/10. 이는 평소보다 스프레드를 좀 확대한 것이며 여전히 시장가격은 변동이 심하다. 나는 1.4410의 가격에 1천만 달러를 매도하였으며, 이제 포지션의 평균가격은 다소 개선되어 1.4207이 되었다. 시장은 여전히 달러가 상승추세이며 내가 좀 저렴한 가격으로 매도했어도 이익은 이익인 것이다.

USD million	CHF million
+10	14.332
+10	14.290
+10	14.287
−10	−14.292
−10	−14.410
+10	14.207
평균 14.207÷10 = 1.4207	

14:00

각국의 중앙은행들이 외환시장에 개입하여 USD를 더 강세로 만들 것이라는 소문이 있다. 이 소문이 시장을 혼란에 빠뜨렸다. 브로커들은 비명을 지르고 고함을 친다. 딜링룸은 거의 정신병동 수준이다.

15:00

USD/CHF은 이제 1.4630의가격에 거래되고 있어 나는 이익을 보고 매도하기로 결정. 마지막 1천만 달러를 팔고 CHF 423,000의 이익을 실현. 이익은 최종 매도가격의 pips에서 그 이전의 평균을 빼주어 계산할 수 있다.

$$10{,}000{,}000 \times (1.4630 - 1.4207) = 423{,}000(\text{CHF})$$

익일물 포지션을 포함하여 하루 전체의 총 거래수익은 CHF 538,000. 연중 가장 좋은 날이다. 아마도 페라리를 살 수 있을지도 모른다.

16:00

하루의 거래를 모두 종료. 내 거래를 모두 입력했는지 확인하고 리스크관리 시스템이 내 이익금액을 확인했는지 체크해야 한다. 16:30 경에 그들이 내 이익금액을 확인해주었다.

17:00

오늘의 좋은 실적을 축하하기 위해 모든 사람들을 펍으로 초대한다.

00:00

집에 도착. 기운찬 하루였다. 그러나 이 게임에서 여러분은 마지막 거래만큼만 좋을 뿐이다. 내일은 또 다른 날이다.

4.4 선물환 딜러의 24시간

런던 5:00 *am*

라디오가 갑자기 켜졌다. 기차역으로 운전하고 있는데 카폰이 켜진다. 싱가포르 사무소에서 매일 05:45에 그날의 의견과 전망을 정기적으로 전해주는 전화이다.[10] 다음 동네에 도착하여 06:00기차를 탄다.

6:50 *am*–7:00 *am*

6:50분 경 내 책상에 앉는다. 브로커들이 보낸 몇 가지 run through[11]를 받아서 이를 내 요율표(rate sheet)[12]에 옮긴다. 잘 알고 있는 브로커회사의 스텔라가 전화. 매일 우리는 브로커들로부터 환율과 의견을 제공받는다. 내가 브로

10) 외환시장은 결코 문을 닫는 일이 없기 때문에, 딜러들은 다른 시간대의 딜러들과 접촉하여 그날 그날 거래가 어떻게 진행되었는지를파악한다. 때때로 딜러들은 해외 사무소에 시장을 모니터 하기 위해 익일 물 주문을 내거나 거래 포지션을 열어두고 주문가격이 도달하면 거래를 실행한다. 실행되지 않은 주문은 하나 이상의 해외 사무소로 옮겨졌다가 원 주문자에게로 보내진다.

11) run through란 매일 아침 딜러가 브로커로부터 받는 것이다. 이것은 브로커들이 생각하는 선물환시장의 forward points와 다른 딜러로부터 받아놓은 가격고시를 모아놓은 것이다. 보통의 run through는 모든 short dates와 1, 2, 3, 6 및 12개월 물 가격(forward points)을 제시한다. complete run through는 4, 5, 7, 8, 9, 10 및 11개월 물 가격을 모두 포함한 것이다.

12) rate sheet는 매일 아침 모든 short date와 고정기간(fixed periods)에 대해 그 날짜를 포함한 실제 달력상의 날짜 수를 함께 기록하여 만들어진다. rate sheet는 종이에 기록할 수도 있지만 대부분 컴퓨터의 스프레드 시트에 기록한다. 선물환 딜러들은 Dayfinder 달력을 사용하기도 한다. 이 달력은 현물환 결제일에 열려있고 연간 전체의 표준일 결제일을 보여준다. 딜러들이 선물환 결제일을 찾아보고 그 기간에 몇 일이 남아있는지를 알아보기가 매우 쉽게 되어 있다.

커들을 통한 거래에서 브로커 수수료를 지급하기 때문에 그들은 내가 거래하기를 원한다는 사실을 기억한다. 스텔라는 선물환시장을 잘 알고 있고 나는 일부 거래에서 그녀를 통해 좋은 결과를 얻었다. 환율은 어제보다 크게 변하지 않았고 내 견해를 바꿀만한 어떤 것도 읽거나 듣지 못했다.

나는 지난달 1년물 CHF long position을 취했다. 그 대부분은 85 포인트의 가격에 3개월 선물환으로 커버했고 나머지는 short date로 커버했다.[13] CHF 금리가 이제 매우 안정적이고 당분간 안정적으로 보일 것이므로 USD 금리는 앞으로 상승할 것으로 믿고 있다.

이 추세는 오늘 늦게 비농업부문 고용 지표[14]가 발표되면 확인될 것으로 기대한다. 장기 금리가 단기 금리보다 변동이 심하기 때문에 1년물 금리가 3개월물 금리보다 더 많이 변할 것이다.

7:00시 아침 회의는 열띤 분위기였다. 우리는 달러금리 인상 가능성에 대해 토의했고 그럴 가능성이 있다고 의견의 일치를 보았다.[15]

7:15 *am* – 10:00 *am*

다음으로, 당방계정(nostro account)에 있던 움직임이 별로 없는 Tom/Next 잔고를 청산한다.[16] 나에게는 종종 전화하는 은행 거래상대가 있는데, 그와 여

---

13) 이 예에서 딜러는 1년물 USD 선물환을 매도하고 USD 현물환을 매입했다. 딜러는 이 포지션에 340 포인트를 지불했다(시장고시는 340/335). 딜러는 대부분의 포지션을 3개월간 커버했다. 즉 대부분의 금액에 대해 USD 현물환 매도/ 3개월 선물환 매입으로 USD를 swap out 했다(CHF에 대해). 나머지 금액은 short date로 커버했다. 즉 현물환을 매도하고 일주일물을 매입했으며 주말에 이를 다시 roll-over할 것이다. 따라서 그의 포지션은 3개월부터 1년까지는 오픈 포지션, 즉 USD 롱 포지션 상태가 된다. 현물환으로 USD를 매입하고 CHF을 매도했으므로 이 포지션의 자금조달을 해야 한다. 딜러의 견해와 자금흐름에 따라 여러 가지 방법이 있다.

14) 비농업부문 고용 지표는 미국 노동부가 월별로 발표한다. 이 통계는 뉴욕시간으로 오전 8:30에 발표되며 비농업부문에 고용된 사람들의 숫자를 측정한 것이다. 금융시장은 매월 이 수치의 변화에 주의를 집중한다.

15) USD 금리가 상승하면 USD와 CHF의 금리격차가 확대되고 선물환 포인트는 좌측으로 이동한다. 예컨대 12개월 선물환 포인트가 340/335에서 380/377로 바뀔 수 있다. 그러면 딜러는 377 포인트에 USD를 swap out하여 그의 포지션을 청산할 수 있다. 그가 지급한 포인트는 340이고 수령한 포인트는 377이므로 37 포인트 이익이다. 물론 이 포지션의 총 손익은 3개월물과 short date에서의 수령한 포인트와 지급한 포인트를 모두 고려해야 한다.

러 형태의 거래를 하고 있고 관계도 좋다. 시장이 점점 더 관계중심의 거래로 변하고 있음을 발견한다.

오전에 나는 가격 고시, 거래가격 계산, 브로커를 통한 리스크 커버, 전화로 의견 알아보기, 내 견해의 확인작업 등을 수행한다.

10:00 *am*

모든 T/N 포지션이 스퀘어 포지션이 되었다. 이제 만기 불일치[17] 상태인 short date 계약의 일부를 살펴보고 있다. 현재 나는 CHF의 쇼트 포지션 상태이다. 차익거래 가능성을 살펴보고 있지만 현재로서는 기회가 없다.

최대 고객 중 하나가 전화해서 6개월 USD/CHF swap을 문의한다. 내 브로커인 스텔라가 176/174 포인트를 고시한다(Reuter 역시 동일한 가격을 보여 주는데, RBS가 CHF6M=에 대해 고시한 가격이다). 나는 현재의 내 포지션에 만족하고 있으므로 177.5/176까지 올려서 그를 떠보기로 한다. 그는 177.5에 거래하지 않을 것이다. 만약 내가 176에 USD를 swap in하면 나는 이 포지션을 유지할 것이다. 예상대로 그는 거래에 응하지 않았다. 이것은 내가 바람직한 포지션을 보유하고 있다는 내 견해를 재확인 시켜준다.[18]

이제 최고의 이코노미스트와 애널리스트의 보고서가 가득한 미결 서류함을 주목한다. 시험 삼아 받아보고 있는 팸플릿도 있다. 보스에게 보고할 다른 은행

---

16) 나는 또 딜링룸의 장부를 마감해야 한다. 이것은 현금을 관리하는 일이며 매일 해야 한다. 이 일은 빨리 할수록 좋다. nostro account는 코레스은행에 보유하고 있는 당방계정이다. 예컨대 CHF nostro account는 프랑크푸르트 소재 코레스은행에 우리가 보유하고 있는 CHF 계정이다. 따라서 통화는 발생국에서 결제된다. 은행이 당방계정에서 초과인출하는 것은 좋은 관습은 아니다. 그래서 매일 대차변 균형을 맞추기 위해 포지션을 스퀘어로 하는 것이다. 이 딜러의 T/N 포지션 스퀘어는 내일의 포지션을 스퀘어 하는 것이다.

17) 만기 불일치란 차입자금과 투자자금의 만기가 다를 때 나타난다. 만기불일치는 딜러가 자기 장부에 이미 가지고 있는 거래의 규모와 결제일을 검토할 때 발견될 수 있다. 예컨대 딜러는 자신의 자산/부채를 더 잘 관리할 수 있는지 그리고 T/N 대신 일주일 스왑거래를 할 수 있는지 보기 위해 자신의 현금흐름을 검토한다.

18) 딜러들은 상대에게 제시하는 가격으로 원치 않는 포지션을 줄이거나 유리한 포지션을 늘리기도 한다. 스프레드가 좁은 좋은 가격은 거래를 촉진한다. 그러나 특정 금액에 대해 거래상대 떠보기도 발생할 수 있다. 이 예에서 시장조성자는 USD를 swap out(sell and buy)할 생각이 없으므로 일부러 가격을 비싸게 고시한다(왼쪽 가격). 시장추종자는 다른 은행과 거래하면 176만 지급하면 되기 때문에 177.5에 거래하지 않는다.

에 대한 거래한도 보고서도 작성 중이다. 더 많이 거래하고 기회를 놓치지 않도록 거래한도[19]는 증액되어야 한다는 생각이다. 거래한도 증액은 별 문제가 되지 않을 것으로 보인다. 그러나 승인은 본사에서 이루어지기 때문에 어느 정도 시간이 소요될 것이다.

고용지표 때문에 오늘은 점심식사하러 갈 수 없다. 내일 새로운 브로커와 점심식사를 할 예정이니까 그 때 보충해야지. 그는 그 일을 막 넘겨받은 상태이며 자신의 신뢰를 쌓아야 하고 나도 그를 알아가는 것이 좋다.

1:15 *pm*

모두가 비농업부문 고용통계[20]의 발표를 기다리고 있다. 인내심이 바닥나고 있다. 우리 팀원 한 사람이 하필 이때 초과한도 사용을 지적하는 신용담당 직원에게 소리를 지른다. 가격고시를 요청하는 은행에게 차이가 큰 가격고시를 해준다. 고용통계도 모르고 원하지 않는 포지션을 취하고 싶지 않기 때문이다.

1:30 *pm*

자 소식이 왔다. 고용통계가 우리 예상범위를 넘는 좋은 실적이다. 모두가 미국금리의 상승이라는 같은 걱정을 한다. 현물환시장이 움직이기 시작하고 나도 채권과 선물시장까지 추적해 왔다. 나는 이익을 실현하고 기회가 온다면 포지션을 새로 구축하기로 한다. 은행들이 전화를 해대고 브로커들은 모든 만기에 대해 지원가격[21]을 요청한다.

---

19) 거래한도는 딜러들이 자기 은행의 리스크 정책에 따라 거래하도록 하기 위한 것이다. 모든 딜러들은 다양한 거래한도-거래상대별 한도, 결제 한도, 국가별 한도-를 지켜야 한다. 이는 상급자가 설정하며 딜러 스스로 설정하는 것이 아니다. 개별 딜러에게는 거래 시 지켜야 할 포지션 한도도 있다.

20) 고용통계는 뉴욕시간 08:30에 발표되는데 여기 런던과는 5시간 시차가 있다. 즉 런던의 점심시간이다. 딜러들은 중요 지표 특히 인플레이션과 경기에 관련된 지표가 발표되기 전에는 항상 긴장한다. 이들 지표는 금리에 영향을 준다. 중요한 포인트는 지표에 대한 시장의 기대이다. 만약 지표가 예상과 일치한다면 나쁜 뉴스일지라도 이것이 이미 현재금리나 가격에 반영되어 있다. 그러나 지표가 예상 범위를 벗어나면 시장에서 가격은 신속하게 변화한다.

21) 지원가격(support price)은 브로커가 방송하는 거래 가능한 가격이다. 선물환율은 USD금리 인상을 예상하고 좌측으로 이미 이동했다.

고용통계가 발표되기 전에는 3개월과 1년물 가격이 각각 85.5/85와 340/335였다. 이 가격은 이제 95/94와 380/373이 되었다. 나는 USD의 swap out(sell and buy)을 바라면서 1년물 가격을 377/372로 공격적으로 고시한다. 나는 377에 거래를 성사시켰다. 나는 다른 전화상대에게 특별한 관심을 두지 않는다. 우리에게 3개월물에 오픈 포지션, 1년물에는 약간의 만기 불일치가 생겼다.

4:00 *pm*

이제 내 장부를 재평가[22]하고 내 손익 수치를 chief dealer에게 보고할 시간이다. 활기 없는 일이지만 필요한 일이다. 약간의 만기 불일치가 있지만 심하지 않고 하루 동안 좋은 이익을 냈다. 고객 중 한 사람이 CHF의 장래환율에 관해 말한 것 중 무언가가 있어 기술적분석가에게 전하고 내일 관찰하라는 쪽지를 첨부했다.

4.5 voice broker의 24시간

런던 7:00 *am*

이 시각에 거래할 준비가 된 딜러들은 거의 없다. 그래서 몇 가지 일을 처리할 수 있다. 나는 전날 넘어온 선물환 시트[23]를 이미 준비해두었다. 간밤에 변화가 없었다고 가정하고 전날 저녁의 종가와 각 선물기간에 포함된 날짜 수를 전날의 내용과 비교하여 계산함으로써 선물환 시트를 작성했다.

또 극동이나 유럽의 해외 브로커(link)들이 어떤 가격을 고시했는지 점검해 보지만 런던 개장시간에 그들은 좀처럼 그렇게 하지 않는다. 그 다음에 나는 거래은행(line)[24]들에게 선물환 시장에 대한 우리의 생각을 담은 run through를

---

22) 장부 재평가는 기준통화(주로 USD 또는 본사의 통화)로 손익을 반영하기 위해 모든 선물환 포지션에 새 환율을 적용하는 것을 의미한다. 포지션 유지시스템이 최신 환율을 업데이트해주는데, 이는 딜러들이 실시간으로 자신의 포지션을 모니터 할 수 있게 해준다.

23) 선물환 시트는 선물환 만기, 즉 T/N부터 중기인 2-5년 만기까지 칼럼별로 작성된다. 중기의 경우 선물환 데스크에서 자주 거래되지는 않지만 딜러들은 여러분(브로커)이 정확한 가격 수준을 알고 있기를 기대할 것이다.

보낸다. 때때로 극동지역과 직접거래로 가격을 알고 있는 딜러들에 의해 수정될 수 있기 때문에 어디까지나 생각에 중점을 둔 것이다.

오전 중 이 시각의 최대 우선순위는 T/N이다.[25] 런던의 은행들과 극동 및 유럽의 브로커들을 초청해서 우리가 이미 입수한 가격을 고정시키거나 확정 짓는다. 나는, 이 조건에 관심을 가지고 거래에 응하기를 바라면서, 모든 은행들에 거래금액 등의 조건과 함께 가장 근접한 가격을 방송한다. 내가 거래한다면 나는 내 동료나 또는 고객은행과 함께 거래한다는 사실을 즉시 알릴 것이다. 또 모든 다른 은행들에도 거래가 성사되어 이 가격은 더 이상 유효하지 않다는 점을 알린다. 다음에 거래상대와 금액을 확인한다.

나는 거래상대방 이름을 내 동료에게 전달하고 내 동료는 자신의 거래은행에 이를 전달한다. 그 동안 나는 내 거래은행에도 점검을 위해 거래상대방 이름을 전달한다. 만약 두 상대가 상호 신용공여가 가능하고[26] 금액이 맞으면 거래가 성사되고 현물환율이 합의된다.

8:30-11:30 *am*

8:30분 경 우리는 일련의 선물환율을 고시한다. 즉 1, 2, 3, 6, 12개월에 대해 고시하고 때때로 4, 5, 7, 8개월에 대해서도 고시한다.[27] 만기가 길어질수록 브

---

24) Link는 해외 브로커이다. 브로커들은 모든 가능한 가격을 알아볼 기회를 잡기 위해 해외 브로커들과 대화한다. Line은 거래은행들이다. 브로커들은 브로커 박스를 통해 은행들과 연결되어 있다. 어떤 브로커는 은행들과 직접적인 연결이 되어 있지 않을 수도 있다. 만약 그가 해외 브로커를 통해 은행과 거래한다면 이 브로커는 이쪽의 수수료를, 해외 브로커는 그 쪽의 수수료를 수령한다.

25) 대부분의 딜러들은 T/N 포지션을11:30분 이전에 일찍 스퀘어하려고 한다. 이유는 back office가 제 때에 거래상대에게 대금 지급할 시간을 확보해주기 위한 것이다. 딜러들은 T/N 업무를 자금관리 연습이라고 생각할 뿐 이익의 근원이라고 보지 않는다. 따라서 그들은 가능한 한 일찍 T/N을 정리하려 한다.

26) 거래당사자 중 한 쪽이 다른 쪽에 대해 신용공여한도가 없거나 금액이 맞지 않으면 우리는 go choice로 가는데 이렇게 해도 좋을지 문의하는 것이 예의 바른 일이다. 그러나 딜러가 거래를 취소하면 그는 프로페셔널하지 못한 것으로 간주된다. 때때로 다른 곳에서 거래하는 경우 가격을 철회하기도 한다.

27) 하루 종일 브로커들은 고객을 위해 비표준일에 대한 가격도 끊임없이 계산한다. 브로커들은 종일 수많은 정보를 교환하는데, 예를 들어 어떤 방식으로 거래했는지, 특정 만기에 대규모 금액이 거래되었다는 소문, 특정 센터에서 만기에 대해 관심을 표한 일 등이 그것이다. 브로커들은 또한 FRA, 선물, IRS, 예금 등을 이용해 패키지거래를 하려고 하는 차익거래 데스크

로커 수수료도 커진다. 만기가 길어질수록 유동성이 줄어들고 P/L에 대한 영향이 커지기 때문이다. 그래서 우리는 짧은 만기에 주력한다.

점심시간 11:30 *am*−1:30 *pm*

고객과 점심식사를 한다. 점심이나 저녁식사를 하면서 굳건한 유대관계를 맺는 것이 매우 중요하며, 이 유대관계가 당신이 경쟁자보다 주문을 받을 확률을 높인다.

1:30 *pm*−4:00 *pm*

오후 장은 오전과 거의 동일하다. 그러나 뉴욕시장이 개장되어 거래할 수 있다.

4:00 *pm*

4:00시경 시장은 상대적으로 조용해지고 저녁 여흥을 위해 약속을 잡는다. 이것은 거래자들에게 거래해준데 해한 감사를 전하고 앞으로도 이런 상황이 계속되도록 하기 위한 것이다. 브로커들 간의 시장점유율 확대 경쟁이 치열하기 때문이다.

Voice broker 거래 요약

음성브로커를 통한 거래는 다음 방식으로 거래된다.

- 브로커가 은행 거래실에 설치된 스피커박스를 통해 만기별 가격을 방송한다.
- 거래실의 딜러가 매매주문을 전화로 연결한다.
- 브로커가 매매당사자를 연결시키면 이를 거래로 간주하고 모든 은행에 거래가격을 통보한다.
- 브로커는 거래상대와 금액을 확인하고 각 거래상대는 상호간 신용도를 점검한다.
- 거래당사자가 상호 신용도에 만족하고 금액이 적합하면 거래가 성사되고 환율이 합의된다.

와도 많은 연락을 취한다.

5. 전자거래 시스템

전자거래 시스템은 금융시장과 거래소 종류에 따라 특정한 요구조건에 맞추어 발전해왔기 때문에 현재 사용되고 있는 모든 시스템을 간단히 설명할 수는 없다. 예를 들어 런던증권거래소에서는 거래소 중심 거래시스템이 전화로 소통하고 스크린으로 정보를 제공하는 장외거래 시스템으로 대체되었다. 지금은 컴퓨터를 이용한 의사소통의 발달이 전화를 점점 쓸모 없게 만들고 있다. 스크린 중심의 거래시스템이 자연적인 대세이다. 넓은 의미에서 전자거래 시스템이라고 할 수 있는 3가지 형태의 시스템은 다음과 같다.

5.1 직접거래 시스템

직접거래 시스템은 장외거래(OTC)에 사용된다. 이 경우 시스템은 두 거래상대 사이에 거래 대화를 수행하는 수단을 제공하고 합의하에 거래를 수행하기 때문에 거래 생성기라고도 한다. 거래 대화는 자유형식으로 이루어지며 거래 시스템은 거래당사자 모두에게 동일한 원문을 제공한다. 거래가 실행되면 시스템은 대화를 분석하고 양측의 back office가 업무처리를 할 수 있도록 거래전표를 생성한다.

5.2 자동매칭 시스템

이 시스템은 익명의 거래를 제공하는 전자브로커 시스템으로도 알려져 있다. 이 거래 방법은 딜러들이 시장에서 최선의 가격을 찾고 있고 누구와 거래하더라도 상관없는 경우에 이용된다. 따라서 거래가 완료되기 전에 양측이 각각 신용도가 있음을 스스로 입증해야 한다. 거래소에서 운영하는 자동거래 시스템은 증거금 예치, 결제 등 pit 거래와 동일한 거래규칙을 가지고 있다. 자동매칭 시스템에는 3가지 특징이 있다.

(1) 이용자가 중앙 매칭 시스템에 매입가격(bid)과 매도가격(offer)을 보낸다.
(2) 이 매입가격과 매도가격이 다른 모든 시장참여자들에게 배포된다.
(3) 시스템이 가격, 금액, 신용 및 기타 시장규칙에 근거하여 가능한 거래를 찾아낸다

주식시장, 현물환시장 및 파생시장에서 자동매칭 시스템은 전통적 브로커를 이용할 때보다 비용면에서 효율적임이 입증되고 있으며 따라서 이 시스템 거래의 시장비중이 증가하고 있다. 예를 들어 세계 최대의 장외시장인 외환시장에서는 2013년 기준 하루 평균 5조 3,000억 달러가 거래되고 있다.

6. 거래소 거래

단기금융시장과 외환선물 및 옵션 상품은 이미 설명한 거래기법을 이용하여 장외시장에서 거래되거나, 런던국제금융선물거래소(London International Financial Futures Exchange: LIFFE) 또는 시카고상업거래소(Chicago Mercantile Exchange: CME)같은 거래소에서 거래될 수도 있다. 거래소에서는 과거 공개호가 시스템을사용하였으나 오늘날 대부분의 거래소는 전자거래 시스템을 도입하여 이를 대체하고 있다.

거래소의 일차적 역할은 안전한 거래환경을 제공하는 것이다. 거래소는 회원과 거래행위나 분쟁해결 같은 문제를 관리하는 규정을 승인한다. 공개호가를 하려면 딜러와 브로커가 거래소의 플로어에서 상호간 외침이나 수신호로 의사소통을 해야 한다. 이것을 보면 소란스럽고 흥분된다. 거래소를 방문해보면 여러 가지 다양한 색깔의 재킷을 입은 사람들로 플로어는 매우 컬러풀하다. 그러나 거래 과정이 매우 혼란스러워 보여도 거래소는 잘 조직되어 있고 효율적으로 운영되는 금융기관이다.

일반적으로 거래소는 회원들로 구성되는데 그들은 자리를 매입하거나 임차하며, 거래허가를 받기도 한다. 그런 자리를 확보하면 거래소 회원은 pit 또는

ring이라고 알려진 플로어의 구역에서 거래를 할 수 있다. 딜러들은 거래소 플로어에서 거래할 수 있는 자격을 거래소로부터 받아야 하며 일반 대중과 직접 거래할 수는 없다. 브로커가 거래소 딜러와 일반대중 사이를 중개한다.

거래소에는 표준화된 거래시간이 있다. 그러나 LIFFE의 자동매장거래(Automated Pit Trading: APT)와같은 컴퓨터를 이용한 거래시스템을 사용하여 거래시간을 연장하기도 한다. LIFFE나 CME같은 대규모 거래소에서의 기본 거래절차는 다음과 같다.

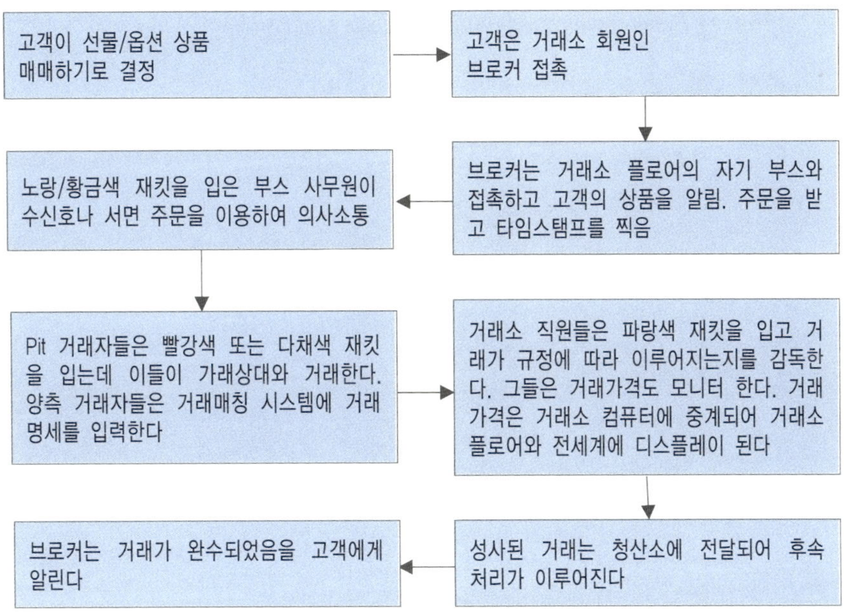

참고문헌

Elder, A.(2014), *The New Trading for a Living: Psychology, Trading, Tactics, Money Management, SG,* John Wiley and Sons, Inc.

Koppel, R.(1996), *The Intuitive Trader: Developing Your Inner Trading Wisdom*, John Wiley and Sons, Inc.

Reuters Limited (1999), *An Introduction to Foreign Exchange and Money Markets: The Reuters Financial Training Series*, John Wiley & Sons, Inc.

Ruggiero M. A. (1997), *Cybernetic Trading Strategies: Developing a Profitable Trading System with State-of-the-Art Technologies*, John Wiley and Sons, Inc.

부록

세계 각 통화의 SWIFT Code

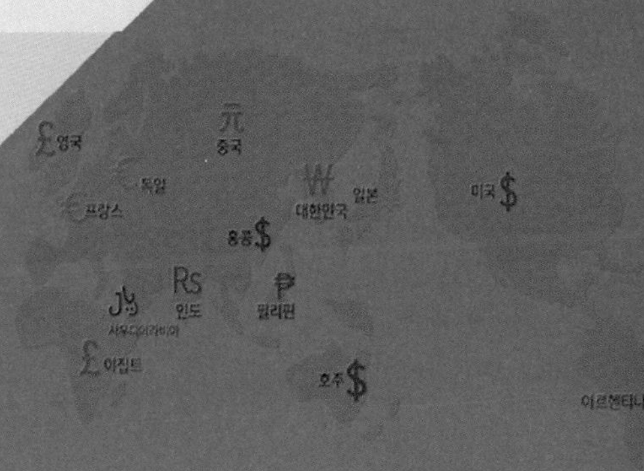

부록: 세계 각 통화의 SWIFT Code

국가	통화명	SWIFT Code	국가	통화명	SWIFT Code
Abu Dhabi	UAE dirham	AED	Cayman Islands	Dollar	KYD
Afghanistan	Afghani	AFA	Central African Republic	CFA franc	XAF
Ajman	UAE dirham	AED	Chad	CFA franc	XAF
Albania	Lek	ALL	Channel Islands	UK pound sterling	GBP
Algeria	Dinar	DZD	Chile	Peso	CLP
Andorra	Euro	EUR	China	Renmimbi yuan	CNY
Angola	Kwanza	AON	Christmas Island	Australian dollar	AUD
Anguilla	E Caribbean dollar	XCD	Cocos Islands	Australian dollar	AUD
Antigua	E Caribbean dollar	XCD	Colombia	Peso	COP
Argentina	Peso	ARS	Comoros	Franc	KMF
Armenia	Dram	AMD	Congo	CFA franc	XAF
Aruba	Guilder	AWG	Congo Democratic Republic	Franc	CDF
Australia	Dollar	AUD	Cook Islands	New Zealand dollar	NZD
Austria	Euro	EUR	Costa Rica	Colon	CRC
Azerbaijan	Manat	AZM	Croatia	Kuna	HRK
Azores	Euro	EUR	Cuba	Peso	CUP
Bahamas	Dollar	BSD	Cyprus	Pound	CYP
Bahrain	Dinar	BHD	Czech Republic	Koruna	CZK
Bangladesh	Taka	BDT	Denmark	Krone	DKK
Barbados	Dollar	BBD	Djibouti	Franc	DJF
Belarus	Rouble	BYR	Dominica	E Caribbean dollar	XCD
Belgium	Euro	EUR	Dominican Republic	Peso	DOP
Belize	Dollar	BZD	Dubai	UAE dirham	AED
Benin	CFA franc	XOF	East Timor	US dollar	USD
Bermuda	Dollar	BMD	Ecuador	US dollar	USD
Bhutan	Ngultrum	BTN	Egypt	Pound	EGP
Bolivia	Boliviano	BOB	El Salvador	Colon	SVC
Bosnia & Herzegovina	Mark	BAM	Equatorial Guinea	CFA franc	XAF
Botswana	Pula	BWP	Eritrea	Nafka	ERN
Brazil	Real	BRL	Estonia	Kroon	EEK
Brunei	Dollar	BND	Ethiopia	Birr	ETB
Bulgaria	Lev	BGL			
Burkina Faso	CFA franc	XOF			
Burundi	Franc	BIF			
Cambodia	Riel	KHR			
Cameroon	CFA franc	XAF			
Canada	Dollar	CAD			
Canary Islands	Euro	EUR			
Cape Verde	Escudo	CVE			

국가	통화명	SWIFT Code	국가	통화명	SWIFT Code
Falkland Islands	Pound	FKP	Irish Republic	Euro	EUR
Faroe Islands	Danish krone	DKK	Isle of Man	UK pound sterling	GBP
Fiji	Dollar	FJD	Israel	Shekel	ILS
Finland	Euro	EUR	Italy	Euro	EUR
France	Euro	EUR	Ivory Coast	CFA franc	XOF
French Pacific Islands	CFP franc	XPF	Jamaica	Dollar	JMD
Fujairah	UAE dirham	AED	Japan	Yen	JPY
Gabon	CFA franc	XAF	Jersey	UK pound sterling	GBP
Gambia	Dalasi	GMD	Jordan	Dinar	JOD
Georgia	Lari	GEL	Kazakhstan	Tenge	KZT
Germany	Euro	EUR	Kenya	Shilling	KES
Ghana	Cedi	GHC	Kiribati	Australian dollar	AUD
Gibraltar	Pound	GIP	Korea (South)	Won	KRW
Great Britain	Pound	GBP	Korea (North)	Won	KPW
Greece	Euro	EUR	Kuwait	Dinar	KWD
Greenland	Danish krone	DKK	Kyrgizstan	Som	KGS
Grenada	E Caribbean dollar	XCD	Laos	Kip	LAK
Guadeloupe	Euro	EUR	Latvia	Lat	LVL
Guam	US dollar	USD	Lebanon	Pound	LBP
Guatemala	Quetzal	GTQ	Lesotho	Loti	LSL
Guernsey	UK pound sterling	GBP	Liberia	Dollar	LRD
Guinea	Franc	GNF	Libya	Dinar	LYD
Guinea-Bissau	CFA franc	XOF	Liechtenstein	Swiss franc	CHF
Guyana	Dollar	GYD	Lithuania	Litas	LTL
Haiti	Gourde	HTG	Luxembourg	Euro	EUR
Heard & McDonald Islands	Australian dollar	AUD	Macao	Pataca	MOP
Honduras	Lempira	HNL	Macedonia	Denar	MKD
Hong Kong	Dollar	HKD	Madagascar	Franc	MGF
Hungary	Forint	HUF	Madeira	Euro	EUR
Iceland	Krona	ISK	Malawi	Kwacha	MWK
India	Rupee	INR	Malaysia	Ringgit	MYR
Indonesia	Rupiah	IDR	Maldives	Rufiyaa	MVR
Iran	Rial	IRR	Mali	CFA franc	XOF
Iraq	Dinar	IQD	Malta	Lira	MTL
			Marshall Islands	US dollar	USD
			Martinique	Euro	EUR
			Mauritania	Ouguiya	MRO
			Mauritius	Rupee	MUR

국가	통화명	SWIFT Code	국가	통화명	SWIFT Code
Mayotte	Euro	EUR	Poland	Zloty	PLN
Mexico	Peso	MXN	Portugal	Euro	EUR
Micronesia	US dollar	USD	Puerto Rico	US dollar	USD
Moldova	Leu	MDL			
Monaco	Euro	EUR	Qatar	Riyal	QAR
Mongolia	Tugrik	MNT			
Montserrat	E Caribbean dollar	XCD	Ras Al Khaimah	UAE dirham	AED
			Reunion Island	Euro	EUR
Morocco	Dirham	MAD	Romania	Leu	ROL
Mozambique	Metical	MZM	Russia	Rouble	RUB
Myanmar	Kyat	MMK	Rwanda	Franc	RWF
Namibia	Dollar	NAD	San Marino	Euro	EUR
Nauru Isles	Australian dollar	AUD	Sao Tome	Dobra	STD
			Saudi Arabia	Riyal	SAR
Nepal	Rupee	NPR	Senegal	CFA franc	XOF
Netherlands	Euro	EUR	Seychelles	Rupee	SCR
Netherlands Antilles	Guilder	ANG	Sharjah	UAE dirham	AED
			Sierra Leone	Leone	SLL
New Caledonia	CFP franc	XPF	Singapore	Dollar	SGD
			Slovakia	Koruna	SKK
New Zealand	Dollar	NZD	Slovenia	Tolar	SIT
Nicaragua	Cordoba	NIO	Solomon Islands	Dollar	SBD
Niger	CFA franc	XOF	Somalia	Shilling	SOS
Nigeria	Naira	NGN	South Africa	Rand	ZAR
Niue	New Zealand dollar	NZD	Spain	Euro	EUR
			Sri Lanka	Rupee	LKR
Norfolk Island	Australian dollar	AUD	St Christopher	E Caribbean dollar	XCD
Northern Mariana Islands	US dollar	USD	St Helena	Pound	SHP
			St Kitts & Nevis	E Caribbean dollar	XCD
Norway	Krone	NOK	St Lucia	E Caribbean dollar	XCD
Oman	Riyal	OMR	St Pierre et Miquelon	Euro	EUR
Pakistan	Rupee	PKR	St Vincent	E Caribbean dollar	XCD
Panama	Balboa	PAB			
Papua New Guinea	Kina	PGK	Sudan	Dinar	SDD
			Surinam	Guilder	SRG
Paraguay	Guarani	PYG	Svalbard & Jan Mayen Isles	Norwegian krone	NOK
Peru	Nuevo sol	PEN			
Philippines	Peso	PHP	Swaziland	Lilangeni	SZL
Pitcairn	New Zealand dollar	NZD	Sweden	Krona	SEK
			Switzerland	Franc	CHF

국가	통화명	SWIFT Code
Syria	Pound	SYP
Taiwan	Dollar	TWD
Tajikistan	Somoni	TJS
Tanzania	Shilling	TZS
Thailand	Baht	THB
Togo	CFA franc	XOF
Tokelau	New Zealand dollar	NZD
Tonga	Pa' anga	TOP
Trinidad & Tobago	Dollar	TTD
Tunisia	Dinar	TND
Turkey	Lira	TRL
Turkmeni-stan	Manat	TMM
Turks & Caicos Islands	US dollar	USD
Tuvalu	Australian dollar	AUD
Uganda	Shilling	UGX
Ukraine	Hryvnia	UAH
Um Al Quwain	UAE dirham	AED
United Arab Emirates	Dirham	AED
United Kingdom	Pound sterling	GBP
Uruguay	Peso	UYU
USA	Dollar	USD
Uzbekistan	Sum	UZS
Vanuatu	Vatu	VUV
Venezuela	Bolivar	VEB
Vietnam	Dong	VND
Virgin Islands	Dollar	USD
Wallis & Fortuna Islands	CFP franc	XPF
Western Sahara	Moroccan dirham	MAD
Western Samoa	Tala	WST
Yemen	Riyal	YER
Zambia	Kwacha	ZMK
Zimbabwe	Dollar	ZWD

자료: Steiner, B. (2002), *Foreign Exchange and Money Markets: Theory, Practice and Risk Management*, Butterworth-Heinemann.

한글색인

INDEX

E

F

G

H

I

L

M

저자약력

현) 경상대학교 교수

경제학박사(Australian National University)
경제학석사 및 학사(서울대학교 무역학과)
국제경제연구원 및 산업연구원 책임연구원
Research Associate
 - Aaustralian National University
Visiting Scholar
 - Reserve Bank of Australia
 - University of Colorado
 - University of Sydney
 - Australian National University

외환시장론-외환 및 외환파생상품 거래

2017년 2월 20일 1판 1쇄 인쇄
2017년 2월 28일 1판 1쇄 발행

저 자 안 창 모
발행인 김 광 식
조 판 아 람 기 획

07285
발행처 서울특별시 영등포구 선유로3길 10, 617호
도서출판 **탑 북 스**
등 록 2009.12.21 제 2016-000101 호
전 화 02)365-2223 팩스 02)365-2224

정가 18,000 원

ISBN 979-11-87343-35-6-93320